ジェンダー平等を実現する法と政治

フランスのパリテ法から学ぶ日本の課題

—

辻村みよ子　齊藤笑美子

花伝社

はしがき

この本は、パリテ（男女同数）法やパクス（市民連帯契約）・同性婚法、「氏の選択」法など、ジェンダー平等政策で世界をリードするフランスの最新事情を検討し、日本の課題を明らかにすることをめざしています。その際に、最近の政策を知るだけでなく、フランス革命期以降の人権論や主権論、家族制度の歴史的展開をみることで、「フランス人権宣言とオランプ・ドゥ・グージュから現代を診る」という手法をとります。

それは、世界を一周したといわれる一七八九年人権宣言とこれを批判したオランプ・ドゥ・グージュの女性の権利宣言から二三〇年余の積み重ねが、今日のジェンダー平等や女性の人権保障の基礎にあると考えるためです。世界の多くの国にとりいれられたフランス人権宣言等が、諸国の憲法や人権論、主権論、ジェンダー平等政策の展開にどのように影響を与えてきたのか、また、近代人権論が二一世紀の現代までどのように変化してきたかをみることで、それらの先進性と課題を明らかにし、日本の参考にしたいと考えています。

このような検討は、二〇二二年一月から二月にかけて四週連続して講演した日仏会館主催の日仏教養講座「フランス人権宣言から現代を診る」をもとにしています。そこでは、第一回「フランス人権宣言の成立と現代的人権への展開――人権の歴史」、第二回「フランスの主権論と憲法の歴史」、第三回「グージュからパリテまで――ジェンダー論の系譜」、第四回「フランスの家族論と社会の変容」

の順に話しましたが、この本では順序や構成を変え、ジェンダー平等政策に関係の深いパリテ（第三回）と家族（パクスや同性婚法、第四回）の問題に重点を置き、主権論（第二回）の部分を第2章と第5章のなかに追加する形で編集しています。

さらに本書では、筆者が共同代表を務める「ジェンダー法政策研究所」のウェブサイト（https://www.gelepoc.org）に連載中の「パリテ通信」第1回〜第6回（二〇二一年八月〜二〇二三年一月）を、各章の間にコラムのような形で収録しています。これは元茨城大学准教授の憲法研究者でフランス在住の齊藤笑美子さんが、当研究所のフランス支部長として、特別に寄稿して下さったものです。

歴史的な検討から始めて、斬新な最先端のジェンダー平等政策を学ぶため、楽しみながらお読みいただければ幸いです。

二〇二三年三月

辻村みよ子

ジェンダー平等を実現する法と政治——フランスのパリテ法から学ぶ日本の課題◆目　次

カバー背景（仏語）：グージュ「女性および女性市民の権利宣言」前文

第1章　フランス人権宣言の成立と現代的人権の展開

——人権の歴史、日本への影響

一般に「フランスは主権論の母国である」といわれています。このことは、本書では第2章（七三頁）でふれますが、第1章では、「フランスは人権の母国でもある」ということを問題にします。最初に、「人権とは何か」という話から始めます。

そのうえで、第1章では、（1）近代的人権の成立と展開、一七八九年人権宣言の内容を明らかにしたうえで、（2）近代的人権に対する批判論を概観し、「白人・ブルジョア・男性の権利」にすぎなかったことを最初に批判して女性の権利宣言を発したオランプ・ドゥ・グージュについてみてゆきます。ついで（3）フランス人権宣言から、日本国憲法への影響をみたうえで、（4）現代的人権の展開を検討して、（5）まとめ、を試みたいと思います。

ご承知のように、「すべての人は生まれながらにして人権を持っている」という意味で、人権の普遍性ということが言われます。すべての人に人権があるということですが、それでは、動物には権利はないのかとか、あるいは、誰が人権を与えたのか、人権の根拠は何なのかというような問題は、法哲学や法思想の研究分野の課題になっていて、なかなか法学一般では議論してこなかったと思います。

私たち法学の研究者は、フランス人権宣言（一七八九年）やアメリカ独立宣言（一七七六年）など、一八世紀の文書から検討を始めるのですが、歴史の教科書では、だいたいマグナ・カルタ（一二一五年）から始まっています。憲法学などでは、マグナ・カルタやイギリスの権利章典（一六八九年）に掲げられている諸権利は、近代的人権とは呼びません。これはすべての人が持っている普遍的な人権ではなくて、イギリスの特権階級の権利を保障したものに過ぎなかったからです。ここで、フランス人権宣言二〇〇周年の逸話にふれておきます。

1　人権とは何か——一七八九年人権宣言の成立

1-1　一九八九年七月一四日（人権宣言二〇〇周年行事）のエピソード

一九八九年七月一三日、フランス革命・人権宣言二〇〇周年を記念して、パリ市郊外のデファンス地区に新しい凱旋門が建設され、そこで祝賀式典が開かれました。アルシュ・サミットと呼ばれた先進七カ国首脳会議（G7）が同時に開かれていて、各国の元首たちが集まっていました。フランスのミッテラン大統領（当時）は、「フランスは人権の母国である」とのべて、人権の普遍性と一七八九年人権宣言の意義を強調しました。ところが、イギリスのマーガレット・サッチャー首相（当時）が異議を唱え、人権の母国はイギリスであると指摘したのです。

このことがテレビのニュースでも流れ、ルモンド紙（夕刊）などにも載りました。そうするとフランスの人たちが非常に怒って、翌七月一四日朝のパリ祭のパレードがコンコルド広場で挙行されたとき、サッチャー首相が世界の首脳と並んで登場すると、みんな「ブーブー」とブーイングして、足をガンガン鳴らしたのです。私も実は近くにいたのですが、何のことだかわからず、会場が騒然としたことだけを今でも覚えています。

その時は考えが及ばなかったのですが、よく考えてみると、このエピソードには、すべて「人権とは何か」という問題が凝縮されていました。

いったい「人権」とは何か、イギリスの一二一五年のマグナ・カルタも近代的人権宣言なのか、近代的人権は、いつから保障されたのか、など、人権論の基礎に関わる論点が含まれていたのです。

「人権はいつ成立したのか」という問題については、イギリスのマグナ・カルタでなく、アメリカ独立宣言やフランス人権宣言からであると答えることができます。それは、アメリカやフランスの一八世紀後半の人権宣言では、人権は普遍的な権利であり、イギリスのマグナ・カルタや権利章典のように、階級や国籍で区別してイギリスの貴族だけに権利を保障したのは人権ではない、ということです。

このような近代の人権の本質が分かったので、私は帰りの飛行機で一冊の本の骨組みを作りました。そして、一九九二年に創文社から『人権の普遍性と歴史性』という本を刊行しました。[1]

1-2　近代的人権の成立と特徴

一般にはマグナ・カルタや一六八九年のイギリス権利章典から人権の歴史を論じるのが常であるとしても、これらは、国籍等を問わずすべての人間の権利を宣言したものではなかったため、憲法学や人権論の立場では、近代的人権宣言とは呼びません。

ただし、イギリスのサッチャー首相が全部間違っていたのかと言えば、そうでもありません。実は、一六八九年の権利章典も、その後ダイシーなどの解釈によって普遍的人権として認められ、マグナ・カルタも現代的に解釈をかえることで、現行法としての地位を得ているからです。この点ではサッチャー首相の抗議も理由があったと言えるでしょう。[2]

これに対して、一七七六年七月四日のアメリカ独立宣言では、「すべての人は平等につくられ、造物主（神）によって一定の奪うことのできない権利を与えられ、その中には生命、自由および幸福追求が含まれる。これらの権利を確保するために人々の間に政府が組織され、その権力の正当性は、統治者の同意に由来する。[3]」とのべて、自然権として人権の普遍性を明らかにしています。これこそ、人権の普遍性、固有性を特長とする近代人権宣言の源流ということができます。

この宣言は、トマス・ジェファーソンが起草したものですが、彼がその草案を友人のフランス人のラファイエットに送り、ラファイエットがその影響を受けて一七八九年一月に人権宣言の草案を提出したことから、アメリカ独立宣言の内容が、フランス人権宣言に継承されています。[4]

アメリカ独立宣言は一般にイギリスのジョン・ロックの系譜であると考えられてきたのですが、フランス人権宣言の方は、アメリカ独立宣言の影響のほか、フランスの啓蒙思想家ジャン・ジャック・ルソーの系譜やフランス合理主義哲学・重農主義・自然法思想が重要な要素であったことがわかっています。フランス人権宣言は、シイエス（シェイエス）、ミラボーらの草案など、多くの要素が、「モザイク」のように重ねあわされて制定されました。[5]

1-3　一七八九年人権宣言の制定過程

一七八九年「人および市民の権利宣言」の制定過程をふりかえっておきましょう。

一七八九年五月、国王ルイ一六世によって一七五年ぶりに三部会が召集され、第三身分を中心に国民議会が組織されました。この国民議会で、一般に革命の勃発時とされる七月一四日のバスティーユ襲撃以前の六月一七日に人権宣言の起草が提案されています。同年七月六日から憲法問題委員会で作業が開始され、八月二六日に、憲法典と一体のものとして、その冒頭におかれる「人および市民の権利の宣言」〔以下、人権宣言〕が採択されました。

経過は、大まかに第一～第四期にわかれます。[6] 一般には、フランス革命は、バスティーユ襲撃（一七八九年七月一四日）から始まったと考えられていますが、それ以前の六月一七日に人権宣言の起草が提案されていました。

第一期（六月一七日-七月一四日）には、六月一七日に国民議会が成立して人権宣言起草の提案がなされ、七月一日に三〇の部会構成がきまり、代表者による三〇人委員会がつくられました。三〇の部会にそれぞれ四〇人位のメンバーが関与していたことから、一二〇〇人もの多くの市民が関わっていたことがわかります。国民議会は七月九日に憲法制定国民議会と改称され、七月一一日に委員会案や、アメリカ独立宣言の影響を受けたラファイエット案等が公表されます。[7]

第二期（七月一四日-二八日）には、七月一四日のバスティーユ攻撃の後、憲法委員会がひらかれ、七月一四日から二八日まで審議が続きます。この時期には、中道右派のムニエの草案や、中道左派のシイエスの草案などが提出されて審議されますが、しだいに、フランス啓蒙思想の影響が強く認められるようになってきます。

第三期（七月末–八月一二日）には、国民議会の審議で人権宣言の必要性や義務宣言の要否などが議論され、しだいにバルナーヴなどの中道左派ないし左派の力が強まってきます。八月四日の議会では義務宣言の要否について決が採られ、五七〇対四三三票で否決されています。

第四期（八月一二日–一九日）には、諸草案を検討し統合するための「5人委員会」の設置が決定され、この委員会の中でミラボーが中心となって、自己の草案や五人委員会案を提出しました。ついで、第五期（八月二〇日–二六日）には、三〇の部会のうちの第六部会が提出した「第六部会案」が審議され、八月二〇日に審議と採決の対象となりました。多くの修正案が出されて議論が続けられ、ミラボーやシイエス案を折衷したかたちで固まりました。ここでは、第六条として、セルバン、クレニエールなどによって起草された、ルソーの影響が認められた条項が採択されました。また、最後の段階で、議論の終了直前に第一七条が挿入され、ほとんど審議もなく、自然権としての所有権の（リベラルな）規定が入りました。

こうして一七八九年八月二六日に「人および市民の権利宣言」の前文と一七カ条からなる宣言が完成します。

同年一一月三日に国王によって公布され、一七九一年九月三日憲法の冒頭に掲載されることになります。

1―4　一七八九年宣言の内容

（1）人の権利と市民の権利

この人権宣言の正式名称は「人および市民の権利宣言」であり、「人の権利」と「市民の権利」にわけて定められています。

この宣言は前文と一七カ条からなり、まず、第一条で「人は自由かつ権利において平等に生まれ、かつ生存する」ことが宣言され、第二条で、あらゆる政治的結合（国家）の目的は、人の自然的権利を保全することにあるという前提に基づいて自然的権利（自由・所有・安全・圧政への抵抗）の体系が明らかにされました。これが、「人の権利」（自然的権利）です。

人権宣言では、以上のような「人の権利」とは別に、「市民の権利」として、市民の立法参加権（参政権）・（平等な）公職就任権（第六条）、租税決定権（第一四条）、公務員に対する報告請求権（第一五条）などの政治的諸権利が規定されました。とくに第六条前段では「法は、一般意思の表明である。すべての市民は、自らあるいはその代表者を通じて、その制定に参与する権利をもつ」として市民の立法参加権が保障され、主権者が自ら立法に参加することで自らの人権を守るという構造が明らかにされました。

有名なのは第一六条で、人権保障と権力分立が書かれていることが、立憲主義の本質的要件であるという理解が確立されました（本書二三・二六頁参照）。

（2）人権の分類

「人の権利」として定められる永久不可侵の権利は、一般に人間性に基づく前国家的な権利すなわち自然権として捉えられます。しかし自然権の概念自体も、その基礎にある自然法思想自体が近世以降歴史的変遷をとげているため一義的ではありません。

日本の憲法学でも、宮沢俊義教授が、基本的人権を「人間性から論理必然的に派生する前国家的・前憲法的な性格を有する権利」と解したのをはじめとして、[8] これを自然権のように捉えています。しかし一般に人権という場合も、その用法を分類すると次のように分けることができます。[9]

(a)最広義の人権：「二一世紀は人権の世紀」や「人権保障」という場合のように、厳密な定義や内容にかかわらず、一般的・概括的に人権保障のことを問題にする用法、

(b)広義の人権：憲法学などで、おもに実定法上の権利を対象として、自由権、社会権や参政権などを含めて呼ぶ場合の用法、

(c)狭義の人権：自然権か実定的権利かの区別や、自由権、社会権、参政権などの区別をしたうえで、「人の権利」としての自由権等と、「市民の権利」としての参政権等の区別に基いて前者を指す場合の用法、

(d)最狭義の人権：(上記(c)のうち)憲法上の権利(実定的権利)と区別された自然権としての人権を指す用法です。

このうち(d)の最狭義の人権については、とくにその根拠が問題となるのです。

(3) 人権の淵源——根拠論

そこでは、「なぜ、人はうまれながらに自由で平等なのか」、「誰が決めたのか」、という問いが生まれます。これは、まさに人権論の本質的・法哲学的課題であるといえますが、世界の法哲学者たちの見解には、①神の意思を根拠とする神学説、②自然法を根拠とする自然法説、③社会通念・慣習等を根拠とする社会通念説のほか、最近でも、④理性的な人々の合意から正義のルールや権利をひきだして社会契約を根拠とする説（ロールズ Rawls, J.）、⑤権利は制度のもつルールに根拠をおく行為からひきだされるとする制度説（ハート Hart, H. L. A）、⑥人間の理性や合目的性から論理的に人権を導き出す修正された自然主義の立場（ゲワース Gewirth, A.）など数多くの立場が存在します。[10]

従来は、功利主義的な人権論を批判して、個人の人権を「切り札（trumps）」として捉えたうえで多数者の利益によって制限されない自由を追求しようとするドゥオーキン（Dworkin, R.）など、全体として自由主義的（リベラル）な人権論が有力でしたが、最近では、その普遍主義や個人主義的性格を批判する共同体主義・共和主義や多文化主義的な議論が強まっているといえます。[11]

人権の根拠の問題は、人間の本質論や文化論にもかかわるため、簡単に論じることはできません。人権思想自体が近代以降の個人主義や合理主義哲学のもとに形成された一定の価値選択の帰結であることからすれば、人権の根拠についての完全無欠な論証は困難であり、今日では、人間の尊厳や人間主義を基礎にして、人権を「人間の尊厳に基づく固有の価値」として捉えておくことが妥当です。[12]

1-5　近代的人権への批判論——三つの流れ

基本的人権ないし人権の用法の問題は、その淵源や根拠の問題と深く結びついています。フランス人権宣言に対する批判論もいくつかの系譜にわかれます。
第一の系譜は、一八世紀末のエドモンド・バークから一九世紀にかけてのイギリス功利主義哲学や、フランスのドゥ・メストルなどからの批判論で、自然権論や普遍性論が、実証できないことに対する批判です。ベンサムの「自然権というのは全くのナンセンス」という批判や、フィクション、幻想に対する批判論がこれをよく示しています。フランスの反革命理論家されるドゥ・メストルは、「人は、種をまき樹木を育てることはできるが、……樹木を造る力をもっているとは考えられない。憲法を造る力をもつことはどのように考えるのか」という疑問を提示していました。[13]
第二の系譜は、マルクス主義、史的唯物論からの批判であり、「市民の権利」と区別された「人の権利」が、利己的な人間の権利、ブルジョアジーの権利に他ならないことを批判していました。[14]
第三の系譜は、「人および市民の権利」が、実際には、「男性及び男性市民の権利」であり、「女性及び女性市民の権利」が排除されていた、という黎明期のフェミニズム論からの批判です。

これらの批判論の系譜に関連して、一九八九年七月のフランス革命二〇〇周年祝賀行事のときのエピソードにもう一度ふれておきます。
当時パリで先進国首脳会議（サミット）が開かれていて、同時に人権宣言二〇〇周年の記念式典が行われていましたが、さらに会場の周りではいろいろなグループが会合を開いていました。一つはフェミニストの集会で、この人権宣言は男の権利宣言で女性が入っていなかったという批判をしていました。それからサン・クラバット（フランス語でノーネクタイ）、労働者の集会です。その人たちの集会は、この人権宣言はブルジョアのもので、労働者、貧しい者が入ってなかったと批判していました。また、アンチサミット、フランス語では「ポーブルサミット」と言っていましたが、世界最貧七カ国先進首脳会議を開催していました。これもやはり、一七八九年宣言が「ブルジョア的だ」ということを批判していたわけです。これはやはり、近代の人権が持っていた歴史的な限界のようなものを示していたと思います（近代的人権の現代的展開については後にみます）。

2　近代的人権批判論とオランプ・ドゥ・グージュ「女性の権利宣言」

2-1　人権宣言の歴史的限界

フランス一七八九年宣言では、人権保障のために国家が存在し、国家対個人の関係における人権保障が確立されたのですが、中間団体の排除によって、家族などの位置づけが曖昧になったという限界がありました。

また、平等といっても、形式的平等で、性別や人種による差別や奴隷制は放置されていたわけです。したがって、一八世紀の近代的人権では、すべての人と言いながら、白人・ブルジョア・男性の権利だったわけで、とくに私的領域における女性の無権利、たとえば、一八〇〇年のナポレオン民法典の妻の無能力などが問題になります。家族の問題は本書では第3章で扱いますので話を戻しますが、人権の主体について、まず一七八九年宣言では、すべての人と市民の権利が保障され、人権の「普遍性」と「全体性」が特徴となっていたのに対して、その実態は異なっていました。「すべての人」の

写真１−１　オランプ・ドゥ・グージュの肖像

写真１−２　オランプ・ドゥ・グージュ「女性および女性市民の権利宣言」
Henri Guédon 作 ©Gladys & Laëtitia Guédon
（辻村蔵のポスター）

なかには女性が当然含まれているはずでしたが、当時の議会では女性の権利のことは念頭になく、革命期の法制上も所有権など女性の権利は大きく制限されていました。このことを批判して一七九一年に「女性および女性市民の権利宣言」を発したのが、オランプ・ドゥ・グージュ（Marie Olympe de Gouge）です。

2-2　オランプ・ドゥ・グージュ

オランプ・ドゥ・グージュは、南フランスのモントーバンという町で、ピエール・グーズという料理人の娘として生まれ育ったのですが、母が、ポルピニャン侯爵という文人の乳母の娘であったことから、その侯爵と母との間に生まれた子であるというのが真実のようです。筆者はモントーバンという町にも行って侯爵の館も訪問し、貴族の末裔という女性にも話を聞いてきましたが、間違いないだろうということでした。グージュは、一七四七年生まれで、一六歳で結婚したのちすぐに夫と死別し、乳児を連れてパリに出て、その文才のために演劇の脚本を書いていました。パトロンがいて裕福な暮らしをしていたという記録が残っていますが、彼女の戯曲はコメディーフランセーズでも上演され、有名になっていました。

一七八九年に大革命が始まったとき、彼女は四〇歳を超えていましたが、政治的なパンフレットや壁新聞などを書いて革命に参加し、一七九一年に「女性の権利宣言」をマリー・アントワネット（ルイ一六世の王妃）にあてて書きました。


本書ではグージュの宣言のことは、おもに第2章（日仏教養講座では、第3回）で扱いますが、ここでも簡単にご紹介しておきます[15]（宣言の訳文は本書巻末資料をご覧ください）。

2-3 「女性および女性市民の権利宣言」

一七九一年九月に公刊された「女性（femme）および女性市民（citoyenne）の権利宣言」（以下、女性の権利宣言）の訳文は、伝記翻訳書のほか、前記『人権の普遍性と歴史性』（一九九二年）などの自著の巻末に資料として所収していますので、ご覧ください[16]。

これは一七八九年の「人権宣言」を模して一七カ条からなり、各条文の権利主体を、女性・女性市民あるいは両性に変更する形で構成されていました。王妃マリー・アントワネットへの「よびかけ」ではじまり、宣言の前後に、前文と後書きが付されていました。

女性の権利宣言第一条前段は、「女性は自由なものとして生まれ、かつ、権利において男性と平等なものとして生存する」と規定し、第二条で、「あらゆる政治的結合の目的」として保障される諸権利（自由・所有・安全・圧政に対する抵抗）を「男性と女性の自然的権利」と明記していました。自由の定義に関する第四条は、「女性の自然的諸権利の行使は、男性が女性に対して加える絶えざる暴虐以外の限界をもたない。その限界は、自然と理性の法によって修正されなければならない」とされ、従来の女性の権利の侵害が男性の暴虐によるものであるという認識が表明されていました。

精神的自由に関する第一〇－一一条では、「女性は、処刑台にのぼる権利をもつ。同時に女性は、……演壇にのぼる権利をもたなければならない」「思想および意見の自由な伝達は、女性の最も貴重な権利の一つである。それは、この自由が、子どもと父親の嫡出関係を確保するからである」という文言が有名です。後者の、子の父親を明らかにする権利については、婚外子とその母親たる女性の法的救済を要求し、ひいては性の自由の保障を要求するものとして注目されます。

さらに、第一七条は「財産は、結婚していると否とにかかわらず、両性に属する。財産権は、そのいずれにとっても、不可侵かつ神聖な権利である」として、両性の所有権を保障していました。これは、婚姻中の妻の財産、および婚姻していない女性（離婚後の女性も含む）の財産を保障し、女性の経済的独立をめざすと共に、夫婦財産制度の改善を要求する立場に出ていました。このことは、グージュが、「男女の社会契約の形式」と題するパンフレットのなかで、夫婦財産の共有を基調とする夫婦財産契約の締結を主張していることにも示されていました（第2章六三頁参照）。

一方、女性市民の権利については、第六条で「すべての女性市民と男性市民は、みずから、または、その代表者によって法律の形成に参加する権利をもつ」と定めたほか、男女平等な公職就任権、租税負担の平等、公吏に対する報告請求権などを要求しました。

さらに「人権宣言」で「権利の保障が確保されず、権力の分立が定められてないすべての社会は、憲法をもたない」と定められた第一六条では、「国民を構成する諸個人の多数が憲法の制定に協力しなかった場合は、その憲法は無効である」という一文を追加して、民主的な憲法制定参加手続きを要請しました。ここには、グージュの宣言が、当時の革命指導者が制定した「人権宣言」を超える内容をもっていたことが示されていました。

しかし彼女は、人民投票で憲法を定めるという考え方に従って、君主制と共和制のいずれがいいかを人民投票で決めようという政治的なポスターを作ったところ、君主制に戻ることを選択肢として挙げたこと自体が反革命派とみなされ、しかも、共和政以外の体制を主張する者は処罰するというデクレ（命令）が一七九三年三月に出されていたために、七月に逮捕されます。そして、反革命の容疑で、マリー・アントワネットの処刑と同じ、一七九三年一一月三日に処刑台にのぼり、ギロチンの露と消えました。処刑にのぼることと引き換えに、女性が演壇にのぼる権利（参政権等）を要求していた彼女にとっては、歴史の皮肉としか言いようがありません[17]。

彼女自身がギロチンで処刑されてしまったことは残念でしたが、彼女の宣言は、後代のフェミニズムの基礎となりました。彼女の位置づけについては最近ではパンテオンに葬るかどうかをめぐって議論があり、フェミニストとしてより、反革命派として処刑された人物だとして批判する動きのために、パンテオン埋葬がだめになりました。これについて、二〇二〇年に「シモーヌ」という雑誌掲載の論文[18]に書いています（本書第２章六五頁参照）。

グージュは奴隷制に反対する戯曲も書いていたのですが、フランス革命期には、ユダヤ人や植民地奴隷などの権利も無視されたていたものの、一九世紀中葉には彼らの権利が認められていきました。これに対して、女性の参政権などは二〇世紀中葉まで拒否され続けました。フェミニズムの歴史という観点からの考察は、本書の第2章で扱うことにして、先に進みます。

3 日本国憲法への影響

3–1 フランス人権宣言と日本

(1) フランス人権宣言の日本への紹介過程

日本では、江戸時代中期にフランス革命のことが「オランダ風説書」のなかで伝えられたといわれています。しかし、江戸時代には封建制度が堅固であり、フランス革命のような改革の機運があらわれるのは、一八六八年の明治維新の前後からです。

一八七〇年代には、自由民権運動のなかで、西欧の人権宣言の影響をうけた天賦人権論が展開されました。植木枝盛が起草した「東洋大日本國國憲按(日本國國憲按)」(一八八一年)や立志社の「日本憲法見込案」(一八八一年)など民間の私擬憲法草案が数多く作成され、アメリカ・イギリスの自由権論やフランス憲法・人権宣言の影響が窺われました。例えば、植木枝盛の草案にはフランス人権宣言のほか一七九三年の宣言にあった蜂起権(抵抗権)を取り入れていました。

とくに一九六八年に五日市の深澤家の土蔵で発見され、五日市憲法草案と呼ばれるようになった千葉卓三郎らの草案は、二〇四条からなるすぐれた民衆憲法であり、フランス人権宣言第一七条の所有権規定などの影響が窺えます。[19]

ところが明治政府は、集会・政社条例等で自由民権運動を弾圧して、一八八九年を期して国会を開設する旨の詔書を発しました。そして同年にプロイセン・ドイツの憲法思想をもとに大日本帝国憲法

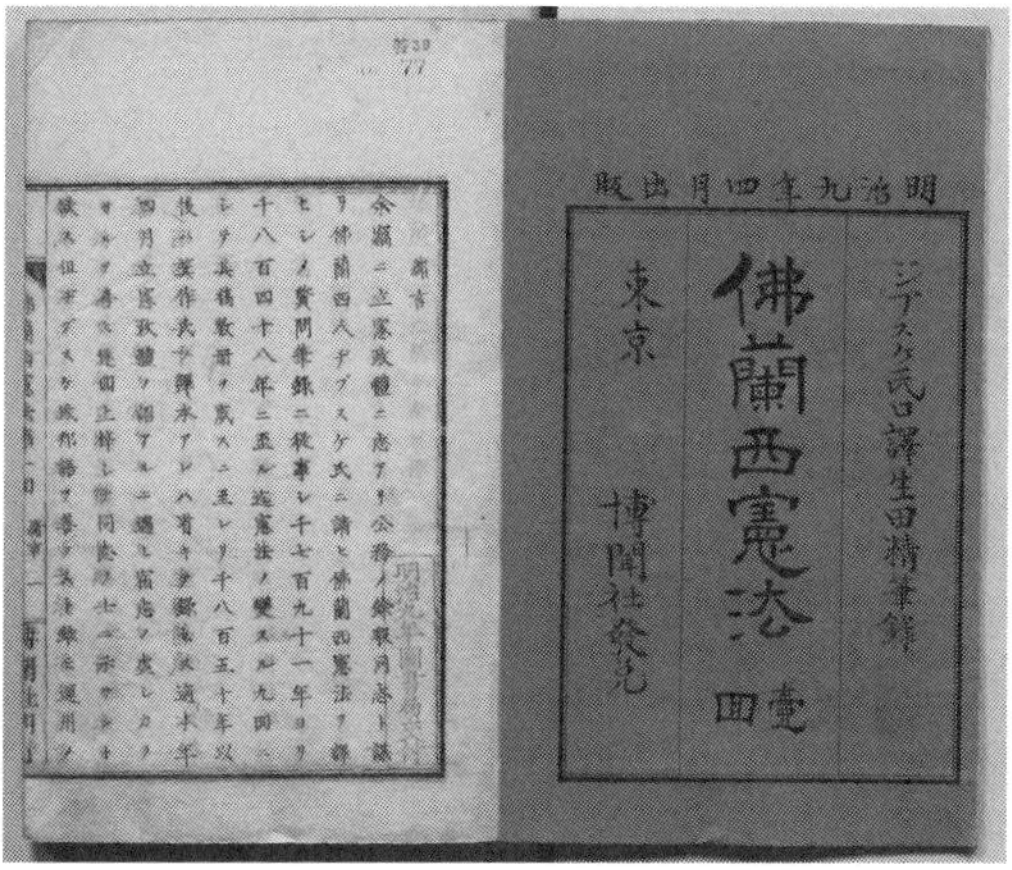

写真１−３　ジブスケ氏口譯生田精筆録『佛蘭西憲法』
（明治９年、東京博聞社、国立国会図書館蔵）

写真１−４　中江兆民（左）と植木枝盛（右）

が発布されました。

（2）ジブスケの口譯生田精筆録『佛蘭西憲法』

フランス人権宣言についても、当時通訳として雇われていたジブスケ Du Bousquet の口訳が、ジブスケ口譯生田精筆録『佛蘭西憲法』（一八七六年）として刊行されています。

ここでは、一七八九年人権宣言の第一六条「権利の保障が確保されず、権力の分立が定められていないすべての社会は、憲法をもたない。」は、「第十六條　若シ其人民ノ権利ヲ保證セス又政治上ノ諸權ヲ區分セザル時ハ其人民組合ハ憲法ナキ者トス」のように訳されていました[20]。

また、当時は、J＝Jルソーの『社会契約論』を翻訳して『民約論〔民約訳解〕』（一八八二年）を公刊したことで有名な中江兆民が、フランス一七九三年憲法の人権宣言の訳文を「政理叢談」第一号（一八八二年）に発表しました。これらの活動によって、フランス革命期の人権思想や民主主義の思想が日本の農村などにも伝えられてゆきます[21]。

なお、女性の権利を求める思潮や運動も一八七〇年代からの自由民権運動の中で萌芽が認められますが、女性参政権運動も含めた日本の女性運動の展開は、本書では第5章（本書一一五–一二一頁）で見ることにします。

3–2　日本国憲法制定過程への影響

（1）自由民権運動と憲法研究会

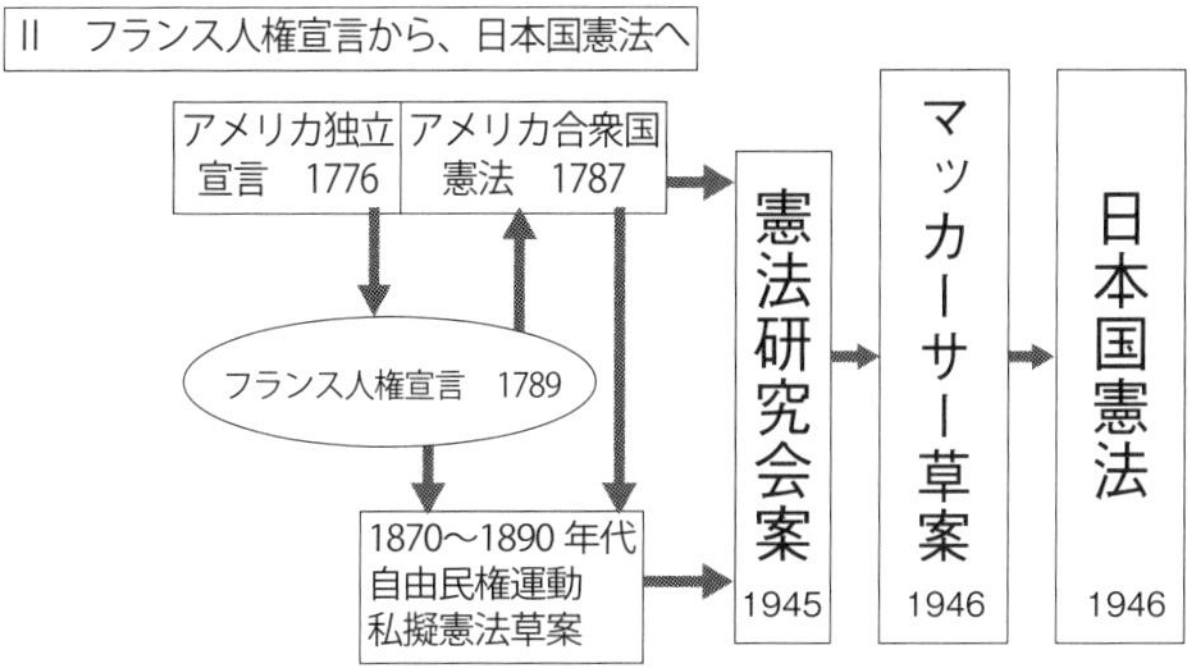

図表 1－1

（辻村作成 PPT より引用。辻村『憲法改正論の焦点』法律文化社（2018 年）18 頁も参照）

近年では、一九四六年二月の連合国総司令部案（マッカーサー草案）の起草過程で参照された鈴木安蔵らの「憲法研究会案」の存在やその影響力が明らかにされています。[22]

この「憲法研究会案」は一九四五年一二月二七日に公表されたのですが、それ以前の一二月初旬に民政局のラウエルからの同研究会の高柳会長への書簡に基づいて、草案の内容や英訳が総司令部に提出されており、ラウエルが翌一九四六年一月一一日に提出した覚書には、この研究会案を評価する内容が列挙されていました。また、後日完成された総司令部案にも、ここで列挙された項目の大部分が含まれていたことが明らかになっています。[23]

さらに、憲法研究会案の背景に伏流していた自由民権期の私擬憲法草案との関連なども検討されるようになってきました。研究会の中心的役割を担った鈴木安蔵らが自由民権期の憲法思想の研究をもとに憲法研究会案を起草したことも知られています。日本の自由民権運動に対するフランス人権宣言の影響や近代憲法原理の継受をめぐる憲法史的研究からも、フランスなど西欧の近代憲法を淵源とする日本憲法史の系譜を認めることが可能であり、これは筆者が一九九二年に上梓した『人権の普遍性と歴史性[24]』という本で明らかにしたところです。

憲法史的に見れば日本の改憲論の根拠とされてきた、「押し付け」憲法論よりもむしろ、明治時代の自由民権運動が築いた新たな民主的憲法思想が、鈴木安蔵らの憲法研究会案に結実して、ラウエル文書からマッカーサー草案に伝わり、日本国憲法のなかに取り入れられた、という歴史的事実こそが重要となります。さらに今日では、マッカーサー草案が憲法研究会案を参考にしたことだけでなく、その源泉となった自由民権期の思想が、フランス人権宣言やアメリカ独立宣言等に示された憲法思想の影響を受けてきた事実として、実証的に明らかにされています。すなわち、フランス人権宣言などは、日本国憲法制定にも、間接的な影響を与えていると解することができます。

このようにみると、日本の憲法思想は近代立憲主義の正統な嫡流にあることが認められ、これに対抗する外見的立憲主義や天皇を頂点とする家族国家論などが、当然に日本の伝統であると解することはできないことになるでしょう[25]。

(2) 憲法制定過程の特徴――「押し付け」憲法論と日本憲法史の視点

「押し付け」憲法論に対する反論[26]のなかに、すべてが押しつけでなく、重要部分は日本独自のものであったり、日本で育ってきた自由民権運動と憲法研究会案を受けついでいることが指摘できます。まさに日本の歴史と伝統を踏まえている、というものがあるわけで、これは新しい論点です。

(a)憲法研究会案の意義

憲法学者の鈴木安蔵によって起草され、マッカーサー草案にも影響を与えた点で重要な意味をもったこの草案は、「日本国ノ統治権ハ日本国民ヨリ発ス」として国民主権の立場を明らかにし、「天皇ハ国民ノ委任ニヨリ専ラ国家的儀式ヲ司ル」として妥協的に天皇制を存続させていた点で、総司令部案に類似していました。基本的人権の規定についても、社会権を保障し、財産権の公的制限に言及するなど現憲法に近い内容となっていましたが、この草案に採用されていた一院制や比例代表制などは、総司令部案には採り入れられていません。

(b)GHQ草案作業とベアテ・シロタ草案

次に、マッカーサー草案の作成過程に進みます。一九四六年二月四日から九日間の草案作成作業で、日本国憲法第二四条などの人権規定を起草したのはベアテ・シロタでした。彼女は、女性の権利についての歴史をすでに学んでおり、第一四条にも、まよわず性差別禁止を起草しました。

ベアテ・シロタ・ゴードンは、当時の東京音楽学校(現・東京芸術大学)教授でピアニストのレオ・シロタさんの娘として日本に約一〇年住んだ後、進学のために渡米し、第二次大戦後の一九四五年一二月二四日に再来日して、翌年二月にGHQの民政局職員として日本国憲法の草案づくりに参画しました[27]。その後はジャパン・ソサエティなどでアジアとの文化交流事業に携わり、憲法起草の議論について約五〇年間の沈黙をやぶったのち、精力的に日本でも講演などをしてこられました。

彼女は一九九三年五月にケイディス氏と一緒に再来日され、日本の憲法制定過程のことを最初に日本で公表されました。筆者も憲法学者たちとの研究会ではじめてお会いしました（テレビ・ドキュメンタリー用に収録された映像がビデオとして残されています）。二〇一二年一二月三〇日に亡くなられましたが、最後にお会いしたのは、二〇〇九年三月二一日にパリ日本文化会館で、「シロタ家の二〇世紀」という映画の鑑賞会が催された時です。いとこの娘、アリーヌさんやお孫さんたちと、ニューヨークからこられました。

彼女はこれまで何度か講演を行い、二〇〇〇年五月二日、参議院憲法調査会でも証言されましたが、「当時二二歳の若い女性が憲法制定にかかわったことが日本の改憲勢力を勢いづかせることになる」という点を大変危惧され、これまで五〇年近く、家族にも話さないできたことを強調されていました。ベアテ・シロタ草案には、妊婦及び幼児をもつ母親に対する国の保護、婚外子（非嫡出子）に対する法的差別の禁止と婚外子の権利の保障、長男の権利の廃止、子どもに対する医療の無償などたくさんの規定がありましたから、それらが採用されていれば、日本でも大きな意味をもったはずですが、実際には、一四条、二四条に関する規定のほかは殆どが運営委員会で削除されました。講演などのなかで、よく「私は泣きました」と言われていましたが、憲法の本質や憲法史の流れをみるかぎりでは、当時、これらがすべて、憲法の中に書かれることは難しかったでしょう。

そして、削除の理由として、運営委員会のケイディス大佐から、「法を通して、他の国に新しい型の社会思想を押しつけることはできない」ため、「社会立法などの詳細は日本政府に委ねるべきだ」

という判断があったことを明らかにされました。これらは、今日の「押し付け憲法論」に照らして、忘れてはならない点だと思います。いずれにしても、明治憲法とはまったく異なる、女性や子どもの権利、母性保護などを重視した草案ができたことは、非常に重要なことでした。時代を先取りする、画期的な条文でした。

ベアテ・シロタ草案のもつ比較憲法的意義についてみますと、「第二次大戦後には、日本の一九四六年憲法とほぼ同時期に、フランスの第四共和制憲法［一九四六年］、イタリア共和国憲法［一九四七年］が制定されて男女平等や社会権の規定が導入されます。一九四八年の世界人権宣言でも、家族形成権や保護を受ける権利などが定められるようになりますが、ベアテ・シロタ草案作成時には、まだこれらはできていません。

ベアテ・シロタ草案では、これらに先立って、一九一九年のワイマール憲法や北欧諸国の法律などを参考に、平等や家族についての規定を置きました。①社会権を導入した現代憲法の体系を持ち、さらに、男女平等や家族の保護などを明記した点で、時代を先取りする内容であったことが分かります。

戦前からの婚姻における女性の権利の無視や強制という現実を知った上で、これを正そうという、強い熱意が感じられます。

なお、人権に関する小委員会は、ピーター・ロウスト中佐、H・Eワイルズ博士とベアテ・シロタで構成され、その上部に、運営委員会がありました。ここには、C・Lケイディス大佐のほか、A・R・ハッシー中佐、M・Eラウエル中佐などがおり、中心的役割を担った運営委員三名がいずれも法科大学院を出て法律専門職にあったこと、民生局の二六名のメンバーの半数以上が専門職経験者で

図表1－2　現代的人権の展開

1945年	国際連合憲章
1946年	フランス第4共和制憲法・日本国憲法
1947年	イタリア憲法
1948年	世界人権宣言
1966年	国際人権規約
1979年	女性差別撤廃条約
1994年	国連人口開発会議（カイロ宣言）
1995年	国連世界女性会議（北京宣言）

（辻村みよ子作成）

あったことが知られています[28]。

また、背景に、森戸辰男氏も参加していた民間の憲法研究会案の影響があったこと、日本の自由民権運動の流れをくむ憲法研究会案が一九四五年一二月に発表された後、マッカーサー草案にとりいれられていったことなどは現在ではよく知られるようになっています[29]。

ベアテさんは、「押し付け、押し付けという人がいるけれど、アメリカよりもいい憲法を作ったのに。人は他人に、自分のものよりもいいものを、押し付けたりはしないでしょう」と、よく発言されていました[30]。

4　現代的人権の展開と「新しい人権」

4-1　近代的人権と現代的人権

近代的人権と現代的人権を比べると、明らかな違いがあります。

近代的人権は、①本質は、すべての人間の不可譲・不可侵の権利（人権の普遍性・固有性・前国家性）、②実際の主体は、白人・ブルジョア・男性の権利（女性やマイノリティの排除）でし

図表１－３　近代的人権と現代的人権の比較

	近代的人権	現代的人権
主体・本質	すべての人権の不可譲・不可侵の権利	社会的弱者（マイノリティ・子ども・女性等）に注目
内容	自由権中心（第１世代の人権）	社会権→新しい人権（第２・３世代の人権）
制約	内在的制約が中心	「公共の福祉」・外在的制約→調整原理
保障形態	国家・個人の二極構造	私人間保障・国際的保障・裁判的保障

（辻村みよ子作成）

た。③内容は、自由権（第一世代の人権）・形式的平等が中心、国家と個人の二極構造（国家からの自由）が中心でした。

これに対して現代的人権は、（ａ）主体はマイノリティ・子ども・女性等にも権利が保障され、（ｂ）内容も、社会権（第二世代の人権、一九一九年ワイマール憲法以降）に拡大されました。さらに、（ｃ）保障形態も国際的保障、裁判的保障、私人間の権利保障が一般化しました（図表１－３）。

近代と現代では、権利の主体も内容も違っています。近代的人権ではすべての人と言いながら、実際には社会的弱者が排除されていたのが、現代的人権ではそれがフォローされて保障されるようになってきます。近代の人権は、制約についても内在的制約だけだったのが、現代では、外在的な公共の福祉ということを強く言って、国家の利益などで調整原理として保障していくように、制約を認めるようになってきました。それから保障範囲も、近代には国家と個人の関係だけだったのが、例えば大企業のような中間的な団体が非常に大きくなって、現代では私人間の保障がされるようになりました。そして、国際的な人権保障が実現され、また、裁判で人権保障することが普通になってきたという経過があります。実際、第二次大戦後は、国連では、一九四五年一〇月発効の国連憲章で男女平等と女性の権利保障への決意を示した後、一九四六年に「婦人の地位委員会」を設置し、一九六七年に「女性差別撤廃宣言」を発しました。ついで強力な包括的条約の制定を決議して一九七九年に「女性に対するあらゆる形態の差別撤廃に関する条約（女性差別撤廃条約）」を採択しました。

4-2　人権の現代的展開と「新しい人権」

（1）第一世代の人権（自由権）から第二世代の人権（社会権）へ

憲法学では、一般に人権の展開を分類し、精神的・身体的・経済的自由などの自由権を第一世代の人権、すなわち、近代人権宣言当初の人権と解しています。そして、ワイマール憲法（一九一九年）以降、第二次大戦後の憲法を中心に保障されるようになった社会権を第二世代の人権と呼んでいます。

（2）第三世代の人権と「新しい人権」論

これに対して、憲法が制定された時には一般に憲法上の権利としては認められていなかったものが、しだいに裁判でも認められてくるものがあります。

例えば、日本の憲法学で、新しい人権と考えられているものに、プライバシーの権利や自己決定権があります。

(1)プライバシー権と自己決定権

プライバシー権は、アメリカでも一九世紀末から指摘され、一九六〇年代から理論化されて、いまでは、静謐のプライバシー、私生活の保護から、自己情報コントロール権のように解されるようになっています[31]。

また、自己決定権は、「自己の個人的な事柄について、公権力から干渉されずに自ら決定する権利」と定義され、憲法第一三条で保障されていると解されています。さらに、ここには、以下のような内容が含まれると解されています[32]。

憲法学の佐藤幸治説では、①自己の生命、身体の処分にかかわる事柄（自殺・安楽死・治療拒否など）、②家族の形成、維持にかかわる事柄（結婚・離婚など）、③リプロダクションにかかわる事柄（妊娠・出産・妊娠中絶など）、④その他の事柄、が含まれるとしています[33]。

また芦部信喜説では、①リプロダクション、②生命・身体の処分、③ライフスタイルなどに関する自己決定権が認められると指摘しています[34]。

自己決定権として認められない場合も、実質的な合理的根拠のない制約はできないとされており、判例にも、信仰上の理由に基づく輸血拒否について生命喪失にかかわる自己決定権を認めて医師に損害賠償を命じた東京高裁判決（一九九八年二月九日）があります。最高裁判決もこれを人格権として認めて上告を棄却しています（二〇〇〇年二月二九日第三小法廷判決）。

このように、自己決定権にまつわる権利のほか、人格権（人格価値そのものにまつわる権利）や、生存権（第二五条一項）、「すべて国民は、健康で文化的な最低限度の生活を営む権利を有する。」に関する権利から発展したものとして、生命権・健康権・生活権・環境権なども、いわゆる第三世代の人権に含むことができます。

ただし、これらの権利が、すべて「新しい人権」として法的に保障されるわけではなく、佐藤幸治教授によれば、段階的に三種類に分類できるとされます。第一に「背景的権利」として、嫌煙権、日照権など、時代に要請によって主張される権利が認められ、第二に、これらが成熟し、憲法体系のなかで理論化され法律のなかに書かれて、「法的権利」の地位を獲得するのです。ところがこれらの権利も、ただちに司法的救済の対象になるわけではなく、「具体的権利」のみが、裁判所に保護・救済を求める法的強制措置の発動を請求しうることになる、と説明されています[35]。

したがって、第三あるいは第四世代の権利についても、国や状況によって、いろいろな形態がありうることがわかります。

これらのうち、生殖に関する自己決定権としてのリプロダクティヴ・ライツ（「自己の生殖をコントロールし、性と生殖に関する健康（リプロダクティヴ・ヘルス）を享受する権利」）についても、本書では第3章で生殖補助医療に関連してふれますので、ここで検討しておくことにします。

⑵氏名権
家族形成権や氏名権についても、第3章・第4章で扱います。とくに日本では、いま、選択的夫婦別姓制の問題が大きな関心を集めています。
周知の通り民法第七五〇条は、婚姻の際に決定するところにしたがって、「夫または妻の氏を称する」という条文です。一見して、夫と妻のいずれの氏を選んでもいいので、これは形式的には妻を差別した規定ではありません。ですから、形式的平等論からみれば女性差別の規定だとはいえないのです。ところが、実際に九六％（憲法制定時も九八％）の夫婦で夫の氏を選択しているという現実があります。理由の多くは、おそらくは社会的な慣習というか、社会的なプレッシャーだと思いますが、実質的平等違反の疑いがあります。

実際に四％の夫婦では妻の氏を選択しているわけですが、四％の男性のなかでも、例えば研究者は相当苦労されていると思います。両方の氏を使い分けるのは本当に大変で、筆者の場合も、仕事では通称使用として旧姓で長く生活してきましたが、大変でした。論文を書いている連載の途中で結婚し、執筆者名を途中から変えることはできませんので、それ以来ずっと旧姓で仕事をしてきたわけです。他方で学位論文は戸籍名でなければ受理されないという理由で「学位記」は戸籍名になっていて、同一性が証明されないことになっています。パスポートも戸籍名でしか出せませんから、論文は旧姓で発表し国際会議の登録は旧姓で行っているのに、パスポートが戸籍名だということで、パスポートコントロールが激しいところでは、報告者なのに会場に入れてもらえないというトラブルもありました。ホテルなども、パスポートチェックは非常に厳しいですから、国際会議に行ったときに、戸籍名で予約をしないとホテルに泊めてもらえません。パスポートはおそらく一番問題になると思いますけれども、国際的にはなかなか通称使用というのはできないのです。今は日本のパスポートは旧姓がカッコ書きになっていますが、国際空港ではカッコ書きの意味が不明で、機械にも反応しないので、いつもトラブルになっています。マイナンバーカードも旧姓がカッコ書きで載るようになりましたが、やはり越えられない一線はあります。法律上の氏とは別ですから、やはり通称使用では解決されない問題もあるのです。

　これらのことから夫婦同氏原則を憲法違反と考えて損害賠償を求める裁判がたくさん起こっています。最近では、男性で氏を変えた男性のうち、ＩＴ企業の社長が氏を変えて損害を被ったとして訴えた事例もあります[36]。例えば株券その他でも、法律上の名前に名義変更しなければならないなど、実際にはかなりの費用が掛かることや、海外出張が多くてパスポートコントロール上の問題が起こることなどが理由です。他にも例えば税理士などの「士業」では、これまでは法律名でしかできない職種が非常に多くて、実際に旧姓で仕事をしていても、税理士としての証明をするときに戸籍名で書かなければいけないため、事務所の看板名と証明書とでは違う名前で書くというおかしなことが起こっていたのです。ですから、この問題は早く解決しなければいけないため、国連などの委員会から何回も勧告を受けてきた問題です。

　本書では後に第4章で詳しく論じますが、二〇一五年の最高裁判決は、憲法第一四・一三・二四条違反ではないとして合憲判決を下しました。訴訟では、憲法第一三条の個人の尊重原則に依拠して、男女が共に、自己の氏を変えない権利があるのではないか、という問題提起がされました。弁護団はこれを「新しい人権」論として主張しましたが、その場合には、佐藤幸治教授が研究されたように、「新しい人権」が、裁判的に保障されるようになるまでには時間がかかり、裁判的権利になるまでの間には、背景的権利の段階があるということになります（本書三六頁参照）。

　氏名を使い続ける権利や、国家によって改正を強制されない権利という理論建てをするようになったのは最近のことですが、民法第七五〇条ができた時から、配偶者の一方がどうしても氏を変えなければ婚姻届けが受理されない、という規定であったため、両者が平等でなかったことになりますので、憲法第一四条を問題とすべきか、あるいは「新しい人権」として憲法第一三条論で理論構成すべきかどうかなど、疑問が残っています。この点は、第4章（一六五頁以下）で扱いたいと思います。

⑶環境権

世界的な環境保護の動きは、一九七五年のストックホルム会議のころから始まりました。日本では、四大公害訴訟などが契機となって、「健康で文化的な環境で生きる権利」として環境権を「新しい人権」として認めるようになってきました。憲法学説では、日本国憲法第一三条と二五条を根拠として認めるようになっており、文化的環境権（文化財の保護など）と自然的環境権（日照権、静謐の権利など）にわけられています[37]。

フランスでも、環境憲章を定めて、環境権を保障しています。環境憲章は、二〇〇二年フランス大統領選挙におけるシラク仏大統領の公約であったことから、二〇〇四年に制定されたもので、これを憲法前文と三四条に含める憲法改正が二〇〇五年三月一日の憲法的法律で決定され、現行の憲法規範を構成しています。内容は、全部で一〇カ条から成り、第一条に「バランスがとれ、健康が尊重された環境の中で生きる権利」、第二条に「環境の保全及び改善に参加する義務」、第五条には「予防原則」に関する規定が盛り込まれています。

二〇〇五年の憲法改正は、フランス憲法前文において、環境に関するこれらの権利・義務を、基本的人権や社会権と同列に位置づける、歴史的な改正となりました。

エコロジー・持続可能な開発省のルペルティエ大臣は、憲法改正案の承認について、エコロジーや持続可能な開発への配慮に向けた歴史的な一歩だと評価し、「健全でバランスのとれた環境に対する権利が、基本的人権や社会権と同じレベルに置かれる」という、歴史的な段階を歓迎するとのべています。背景には、主として環境責任に関するEU指令（二〇〇四／三五）の実施義務を負ったことなどがあります。

環境権の問題は、健康に生きる権利や安全な環境で生きる権利という考え方から、平和な環境で生きる権利（平和的生存権）にもつながってゆきます。

(4)平和的生存権（平和な環境で生きる権利）と「平和への権利」

日本国憲法国前文第二段は、「われらは、平和を維持し、専制と隷従、圧迫と偏狭を地上から永遠に除去しよう努めてゐる国際社会において、名誉ある地位を占めたいと思ふ。われらは、全世界の国民が、ひとしく恐怖と欠乏から免かれ、平和のうちに生存する権利を有することを確認する。」と述べて、世界の憲法で初めて一九四六年に平和的生存権を定めました。

一九六〇年代には、高柳信一教授が、「人権としての平和」論（人権論の視座から平和の理論を構築する議論）を提唱しました[38]。この「人権としての平和」の思想は、良心的兵役拒否の権利のような「内面的自由にたてこもる個人的自由ではなくて」、「民主主義と自由の文明的成果を最高度につかって」戦争政策を告発し、それに加担する政府の行為を糾弾する「人類連帯的・行動的理念」であるとしました。

この流れに呼応して、国連では、平和に関する人権として、「平和への権利」の議論が出現しました。一九七八年一二月一五日に国連総会で採択された「平和的生存のための社会の準備に関する宣言」は、「すべての国民とすべての人間は、人種、信条、言語または性のいかんにかかわりなく、平和のうちに生存する固有の権利をもっている」ことを明らかにしています。

ついで一九八四年一一月一二日に国連総会は「人民の平和への権利についての宣言」を発し、これをうけて翌一九八五年一一月一一日には「人民の平和への権利に関する決議」を採択しました。

こうして、「平和への権利」は、国際人権規約の「生命に対する権利」や、日本国憲法の「平和的生存権」の観念とも重なりあいをもちながら、多くの国際文書のなかで言及されるようになりました。ただ、平和的生存権の権利構造[39]については議論があり、日本の憲法学説では、現在でも平和的生存権の法的権利性を認めない消極説が多数です。憲法前文では、権利の主体が世界の人間になっていて具体的に日本国民について保障する規定になっていないこと、さらに法的根拠が不明であるという理由です。

私見では、第九条を有する日本国憲法の前文に明示されている以上、その法的権利としての性格を承認し、「平和的手段によって平和状態を維持・享受する権利」と解することを妥当と考えます。ただし、憲法前文が「全世界の国民」の権利とした平和的生存権（広義）と、第九条・一三条から抽出される個人の実定的権利としての平和的生存権（狭義）との分離が必要であると考えています。前文のいう、恐怖と欠乏からのがれて平和のうちに生存する権利が、憲法第一三条の生命・自由・幸福追求への個人の権利の保障という形で具体化されたことにより、日本国憲法下の「平和的生存権」の主体を個人として捉えることができ、戦争の全面的放棄を前提とする生命・自由への侵害の排除と平和的環境の維持、平和的環境での生存を請求する権利等を主たる内容とする権利（自由権的性格と請求権的性格をあわせもつもの）と解することができるでしょう。同時に、憲法第一三条の解釈にあたっても、前文の「平和的生存権」と第九条の戦争否定の内容と整合的に解釈することが要請され、「公共の福祉」の内容に国防・有事への対応等を含ませることで人権制約を正当化することは許されないと解すべきです。

平和的生存権の裁判規範性、すなわち裁判の際の根拠規範にできるかどうかという点についても、これを否定する説と肯定する説に分かれ、後者にも国民全体に原告適格を認める立場と限定的に捉える立場に分かれます。判例も、長沼訴訟一審判決やイラク派兵違憲訴訟控訴審判決が裁判規範性を認めた以外は、長沼訴訟二審、百里基地訴訟一審・控訴審・上告審などいずれも裁判規範性を認めていません。

しかし、これらの根拠は、おもに抽象的概念であることや前文の裁判規範性の否定であり、今日では、とくに二〇〇八年四月一七日の名古屋高裁判決（イラク派兵違憲訴訟控訴審判決）などの出現によって、説得力を失いつつあるように見えます。

このイラク派兵違憲訴訟は、レバノン駐在の特命全権大使であった原告が、国に対して、イラク特措法に基づいてイラクに自衛隊を派遣したことが、憲法第九条に違反するとして、違憲の確認と、派遣差し止め、さらに、平和的生存権の侵害として、国家賠償法による損害賠償一万円を請求した事例です。名古屋高裁判決（青山裁判長）は、結論は控訴を棄却しましたが、理由の中で平和的生存権の裁判規範性を認め、イラク派兵の違憲性を認めた、画期的なものでした。

さらに二〇〇九年二月二四日には、イラク派兵違憲訴訟岡山第三次訴訟に対する岡山地裁判決において「徴兵拒絶権、良心的兵役拒絶権、軍需労働拒絶権等の自由権的基本権として存在し」、またこれが具体的に侵害された場合は、「不法行為法における被侵害法益としての適格性があり、損害賠償請求ができることも認められる」いう踏み込んだ判断が示されたことが注目されます。もっとも、第三次訴訟以外の判決では、まったく逆の判断が示されていることも事実です。

平和的生存権の理解については憲法学界でも一致しているわけではなく、さらにその他の諸権利と併せて、憲法の「人権としての平和」の全体構造を明らかにすることが課題となっています[40]。

そのほか、新しい権利として議論されている問題として、「生まれない権利」とリプロダクティヴ・ライツ、マイノリティの権利、についても触れておきましょう。

(5) 生まれない権利（フランス、ペルシュ事件）

一九八三年のフランスで、風疹の後遺症で障害を持ったニコラ・ペリッシュという男児が誕生しました。両親は妊娠中に障害の可能性がある場合は中絶する意思を伝えていたのに医師が危険はないと判断したため出産したところ、生まれてきた子には心臓や神経などに障害があり、一九八九年「子の代理で」両親が医師と病院と保険会社を相手に提訴しました。一九九二年に一審判決が損害賠償を認定して、一九九三年に控訴審で、一審判決を破棄したのち、一九九六年に破毀院（最高裁）が差戻し判決を下しました。その後も二〇〇〇年に差戻し控訴審が「障害について賠償を受ける障害児の権利」を認定し、子供自身の権利として、「生まれなければよかった」という権利があると判断しました。これに対して、国会で議論が始まり、二〇〇二年に「反ペリッシュ法」といわれる法律が制定されました。これは、出生のみを理由とする損害賠償請求を否定する内容でした。

これに対して、別の事件で欧州人権裁判所に提訴されたところ、二〇〇五年に欧州人権裁判所判決が下され、遡及禁止は条約違反であるとして、法律が改正され、遡及効を認める内容にあらためられました。

こちらのヴィヴィアンヌ事件（一九九五年誕生、二〇〇五年提訴）では、二〇一〇年の憲法院判決（QPC判決、本書八三頁参照）によって、二〇〇五年法の遡及効に関する条項に対して違憲判決が下され、結局、「反ペリッシュ法」は合憲、遡及効は違憲である、というかたちで決着がつきました。人権の問題として注目されたのが、子ども自身に出生について「生まれない権利」のような権利があるのかどうか、が議論されたことです。この事件では、結局、法律が、子ども自身の損害賠償請求を認めないこととして決着しました。他の国でも、損害賠償をもとめる権限は親にあるとして、医療過誤の訴訟が続いています。ここでは、人権の本質について「フランス的な」議論がされたことを記憶しておきたいと思います。

(6)リプロダクティヴ・ライツ[42]

リプロダクティヴ・ライツは、一九九四年カイロ行動計画などで、「すべてのカップルと個人が、自分たちの子どもの数、出産間隔、ならびに出産する時を、責任をもって自由に決定でき、そのための情報と手段を得ることができるという基本的権利」として定義され、一般に「自己の生殖をコントロールし、性と生殖に関する健康（リプロダクティヴ・ヘルス）を享受する権利」「生殖に関する自己決定権」と解されています。

この権利には、「出産する子どもの数、時期、間隔を決める権利」のほか、「科学的進歩の恩恵を享受する権利」が含まれるとされています。ここには、①産まない権利（人工妊娠中絶の権利）だけでなく、②産む権利、および生殖補助医療の進歩の恩恵を受ける権利を有するのかどうかという問題が含まれており、とくに③代理出産（代理懐胎）の問題として議論されています。

①産まない権利については、フランスでは一九七五年憲法院判決以来、妊娠中絶法を合憲とする判決が確定されていますが、ここでは、生命の始まり以後の人間の尊厳を尊重しつつも、女性の身体の自由・母体の健康のほうを重視しています（欧州人権条約二条では胎児の生命権の保障が明示されているために議論がありますが、一九九〇年コンセーユ・デタ（国務院）の判決は、（女性の）中絶決定権を尊重しました）。

日本では妊婦死亡率は低い方で、人工的妊娠中絶も安全な国とされていますが、刑法では自己堕胎罪が存続しています。他方で、優生保護法が母体保護法に改正された後も、経済的理由等による堕胎が承認されていて、刑法の規定が空文化したままになっています。

これに対して、②子を産む権利〔積極的生殖の権利〕のなかには、生殖補助技術を使用する権利が含まれており、子をもつ権利が生殖補助技術利用の権利によって実現されると考えられています。その一環として、③代理出産によって子を持つ権利はあるのかという問題が、世界中で社会問題になっ

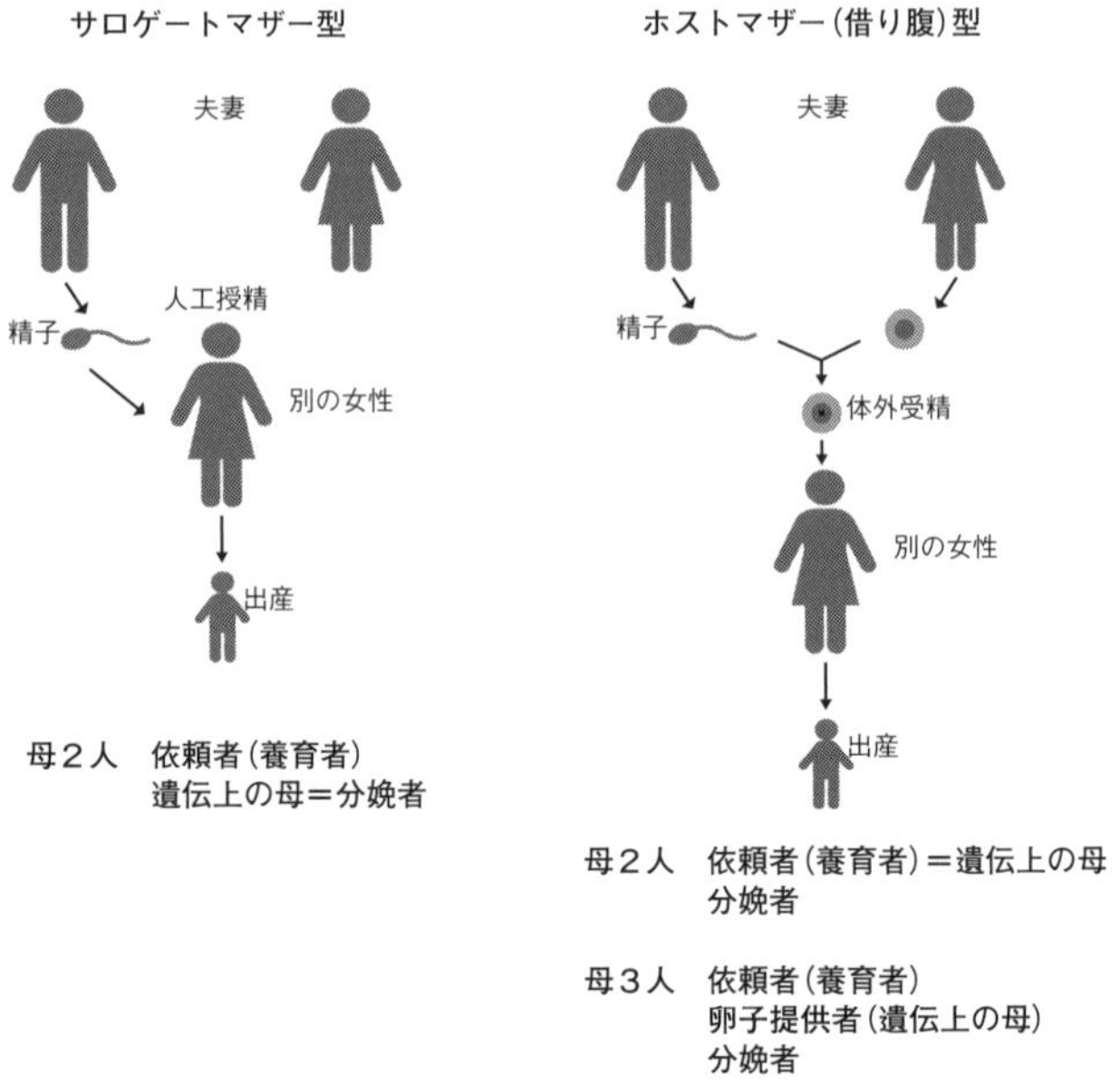

図表１−４　代理懐胎（代理出産）の種類

（辻村みよ子作成）

ているわけです。代理母契約について、禁止か許容かという問題を巡っては、世界各国で対応が激しく分かれているところです。[43]

③代理出産とは、子を持ちたい女性（依頼女性）が、生殖医療の技術を用いて妊娠すること及びその妊娠を継続して出産することを他の女性に依頼し、生まれた子を引き取ることをいいます。サロゲートマザー型（夫の精子を第三者の子宮に人工授精の手技を用いて注入して懐胎させ、この第三者が妻の代わりに妊娠・出産するもの）と、ホストマザー型（妻の卵子を妻の体外に取り出し、夫の精子と受精させ、胚となったものを第三者の子宮に移植することによりこの第三者を懐胎させ、この第三者が妻の代わりに妊娠・出産す

るもの）に分かれます（図表1－4）。

サロゲートマザー型の場合は、代理母が生むのですが、遺伝子は代理母のものですので、遺伝子的な母と分娩する母が同じとなり、依頼人であり育ての母となる人と二人の母があることになります。これに対して、ホストマザー型の場合は、遺伝子上の母は依頼者と同じですが、分娩する代理母とは遺伝子が異なることになります。依頼者の卵子ではない場合には、遺伝的な母親がほかにいることから、三人の母がいることになり、問題が複雑になります。

ここでは、生殖に関する決定権・子をもつ権利に対して、母体の安全や胎児の利益、公益（アメリカの場合、州のやむにやまれぬ利益）が対抗的な利益となり、ほかに「子の出自を知る権利」の保護や親子関係決定の困難性などの課題が指摘されます。

このため、①代理出産を全面禁止する国、②一部許容する国、③広く許容する国、④規制がない国に分かれます。日本では、近年では生殖ツーリズムが社会問題になるなかで、生殖補助医療に関する理念法が二〇一五年に制定されただけで、代理出産については、まったく規定がない状態です。

諸外国では、①の禁止国として、フランス・ドイツ・イタリア・スイス等がありますが、②の許容国も多く、とくに、部分的に、商業主義的なものは禁止するが、自発的なもの（好意によるもの、利他的なもの）を認めるという国が、イギリス、アメリカ（一部）、オランダ、ベルギー、カナダ、ハンガリー、フィンランド、オーストラリア（一部）、イスラエル、デンマーク、ギリシア、ルクセンブルク、ロシア、アルゼンチン、ブラジル、インド、ニュージーランド、ベトナムなど、多くあります。フランスの生命倫理法に関する議論は、後に、第3章で検討します（本書一三五頁以下参照）。

⑺性的マイノリティの権利

ここでは、性的マイノリティの権利についても、少し触れておきます。同性婚・LGBT問題はのちに第3章・第4章で検討しますが、定義や課題について予め概観しておきます。

(a)定義

LGBTの分類や定義については、LGBTI/LGBTQ、LGBT-SOGIなどいろいろあります。ここでいうLはレズビアン、Gはゲイ、Bはバイセクシュアル（両性愛）、Tはトランスジェンダー（TG）を意味します。TGには、性同一性障害GID、と性別違和GDが含まれます。出生時に女性が割り当てられたものの性自認は男性である場合がFtM、出生時に男性が割り当てられたものの性自認は女性である場合がMtFと言われます。Iはインターセックス（性分化疾患）、Qクイア（蔑称：変な人）/クエスチョニング（性自認不明確）、SOはセクシュアル・オリエンテーション（性的指向）、GIはジェンダー・アイデンティティ（性自認）の略語です。

ここでは、性別決定方法は相対的で、生物学的性別の生成は、絶対的ではないことが重要です。出生時の外性器の形状により、典型であれば医師等が視診で決定し、出生届の性別欄から戸籍の続柄欄に記載します。これに対して外性器が典型的形状でない場合は検査等で届出を保留し（戸籍法一三五条不適用）、性別等空欄で届出して、後日追完・訂正しますが、非典型の場合は誤診がありうることでさまざまな問題が起こり得ます。

(b)トランスジェンダー、性同一性障害（ＧＩＤ）の問題

日本では、二〇〇四年施行「性同一性障害者の性別の取扱いの特例に関する法律」（いわゆる特例法）の第三条（性別取扱い変更の審判）で、以下の条件をつけていますが、その合憲性が訴訟で争われています。

①二〇歳（二〇二二年四月以降一八歳）以上、②現に婚姻していないこと、③現に未成年の子がいないこと（子なし要件）、④生殖腺を除去していること（手術要件）、⑤新たな性別の性器に近似する外観形成後であることです（手術要件）。

これらの要件を求めている国は少ないことから、人権侵害であるとして違憲性の確認や損害賠償を求める訴訟が多発しています。ドイツやフランス等でも、手術要件等を削除しており、ＷＨＯの声明により、国際的に病気ではないとする「脱病理化」の傾向があります。

日本でも違憲訴訟が起こっていますが、③の子なし要件も、⑤の手術要件も、合憲と判断してきました。しかし二〇二二（令和四）年一二月八日に、⑤の手術要件に関して、大法廷に回付が決定されましたので、近く、違憲判決が出ることも予想されます。

このように、性的取扱いの平等問題は、まさに喫緊の課題であり、世界的に、中間性（第三の性）を認める国も増加しています（ドイツ、インド、オーストラリア、ニュージーランド、米ニューヨーク州、カリフォルニア州等）。

日本における現状は、第４章で検討しますが、同性愛差別に関する裁判例としては、府中青年の家事件（東京高判一九九七（平成九）年九月一六日）が最初です。これは東京都教育委員会による同性

愛者団体への宿泊利用拒否に対して損害賠償が請求された事件で、東京高裁は、憲法一四条違反と判断して賠償命令を下しました。

5　まとめ

第1章では、(1)「人権とは何か」という基本的な問題から初めて、(2)「近代的人権の成立と展開」では、一七八九年宣言の内容を明らかにしたうえで、近代的人権の特質としての人権の普遍性・固有性・不可侵性について理解し、(3)一七八九年宣言=近代的人権に対する批判論(白人・ブルジョア・男性の権利であるという批判論)、を検討しました。

さらに、フランス人権宣言から、(4)日本国憲法への影響についてみて、(5)現代的人権の展開、として「新しい人権」の例を紹介しました。プライバシー権、自己決定権、環境権、人格権・氏名権、平和的生存権などのほか、フランスで論じられた現代の難問としての「生まれない権利」(フランス、ペルシュ事件)やリプロダクティヴ・ライツ、同性婚の自由も第4章の検討に先立って概念や定義について、予め検討しておきました。

本書では、フランスのジェンダー平等政策の展開はおもに第2・3章でみますが、これらの人権についての知識や議論が背景にあることがわかります。フランスの人権論、知識の積み重ねが、ジェンダー平等政策の基礎にあるといえます。フランス一七八九年人権宣言は、「世界を一周した」といわれるほど、近代的人権の確立に貢献したのですが、フランスでは、一九五八年憲法前文で現行法としての扱いが認められており、現在でも、その条文を根拠に憲法院が判決を下しています。まさに、現在でも生きており、フランスだけでなく、日本国憲法の中にも生きている、ということをお伝えして、第1章は終わります。これに対して、近代の人権論には実は大きな限界があったことについて、第2章で問題にすることにします。

注

1　辻村みよ子『人権の普遍性と歴史性——フランス人権宣言と現代憲法』創文社（一九九二年）参照。巻末に研究書の解題や、諸宣言の原文・訳文も掲載しているので、参照されたい。

2　一九八九年のエピソードと二〇〇周年当時の研究状況については、辻村前掲注（1）ii頁、三頁以下参照。

3　初宿正典＝辻村みよ子編『新解説　世界の憲法集（第五版）』三省堂（二〇二〇年）八二–八五頁〔野坂泰司訳〕参照。

4　アメリカ独立宣言とフランス人権宣言の関係については、深瀬忠一「フランス革命の人権宣言の制定をめぐるラファイエットとジェファーソン」和田英夫教授古稀記念論集『戦後憲法学の展開』（一九八八年）三三三頁以下参照。

5　モザイクの言葉は、稲本洋之助「一七八九年の『人およびの市民の権利宣言』」東京大学社会科学研究所編『基本的人権（3）歴史Ⅱ』東京大学出版会（一九六八年）九二頁以下による。

6　制定過程は、辻村前掲注（1）七九–八九頁参照。詳細な検討が、深瀬忠一「一七八九年人権宣言研究序説一～四完」北大法学一四巻三・四号、一五巻一号、一八巻三号（一九六四～六八年）、四〇巻一号（一九八九年）の連載論文によって行われているので参照されたい。

7　ラファイエット草案の原文と訳文は、前掲注（1）巻末三二頁、四二三頁参照。

8　辻村みよ子『憲法（第七版）』日本評論社（二〇二一年）九四頁、宮沢俊義『憲法Ⅱ』有斐閣（一九七一年）七七頁参照。
9　辻村前掲注（8）、九六頁参照。
10　辻村前掲注（8）、九七頁。辻村「人権の観念」樋口陽一編『講座憲法学3』二一頁〔辻村著作集第二巻『人権の歴史と理論』信山社（二〇二一年）一三六－一五九頁所収〕参照。
11　辻村前掲注（8）九〇－九一頁参照。
12　芦部信喜〔高橋和之補訂〕『憲法〔第七版〕』岩波書店（二〇一九年）八〇－八二頁。
13　ドゥ・メストルらの批判論につき、辻村前掲注（1）一三四頁以下参照。
14　辻村前掲注（1）一六五頁以下参照。
15　グージュの宣言全文を日本で最初に翻訳して一九七六年に「フランス革命と『女権宣言』」を「法律時報」四八巻一号に発表した後、その伝記の翻訳を、オリヴィエ・ブラン著、辻村みよ子訳『女の人権宣言――フランス革命とオランプ・ドゥ・グージュの生涯』岩波書店（一九九五年）や改訂版の辻村監訳『オランプ・ドゥ・グージュ――フランス革命と女性の権利』信山社（二〇一〇年）として出版し、解説しているので、参照されたい。
16　辻村前掲注（1）『人権の普遍性と歴史性』三九一頁以下、辻村『ジェンダーと人権』日本評論社（二〇〇八年）三三二頁以下、辻村著作集第二巻『人権の歴史と理論――「普遍性」の史的起源と現代的課題』信山社（二〇二一年）五〇五頁以下、辻村前掲注（15）巻末など参照。
17　辻村前掲注（15）『オランプ・ドゥ・グージュ――フランス革命と女性の権利』二九六頁以下参照
18　辻村「オランプ・ドゥ・グージュと『女性の権利宣言』――『フェミニスト』と『反革命派』の間」『シモーヌ vol.3』現代書館、二〇二一年一一月、一四－二一頁掲載。
19　五日市草案については、辻村前掲注（1）『人権の普遍性と歴史性』三〇五頁以下参照。
20　辻村前掲注（1）二八三頁参照。「社会」が「人民組合」と訳されていた点など興味深い。
21　原文は、辻村前掲注（1）二四七、二八三頁以下参照。
22　憲法調査会「憲法制定の経緯に関する小委員会報告書」（一九六四年）三〇八頁以下参照。
23　前掲注（22）三一一頁参照。

24　前掲注（1）『人権の普遍性と歴史性』創文社（一九九二年、重版一九九九年）参照。

25　辻村『憲法改正論の焦点』法律文化社（二〇一八年）八頁以下参照。

26　「押し付け」憲法論、および、これに対する反論は、辻村前掲注（25）『憲法改正論の焦点』一五頁以下参照。

27　ベアテ・シロタ・ゴードン、平岡真紀子構成・文『一九四五年のクリスマス』柏書房（一九九五年）参照。

28　起草委員会のメンバーについては、古関彰一『日本国憲法の誕生』岩波書店（二〇〇九年）一二〇-一二四頁参照。

29　辻村前掲注（8）『憲法（第七版）』三二頁参照。

30　辻村・古関彰一対談「ベアテ・シロタ・ゴードンさんを偲んで」『世界』二〇一三年四月号参照。

31　辻村前掲注（8）『憲法（第七版）』一四四頁以下、辻村『比較憲法（第三版）』一三一頁以下〔辻村著作集第六巻三四三頁以下所収〕参照。

32　辻村前掲注（8）『憲法（第七版）』一五〇頁以下参照。

33　佐藤幸治『憲法（第三版）』青林書院（一九九五年）四六〇頁、学説につき、辻村前掲注（8）一五〇頁以下参照。

34　辻村前掲注（8）一五〇頁以下、芦部前掲注（12）『憲法（第七版）』一二八頁以下参照。

35　佐藤幸治『日本国憲法（第二版）』成文堂（二〇二〇年）一四二頁以下参照。

36　ＩＴ企業社長の姓の変更による苦労話は、青野慶久「落選運動と『ヤシノミ作戦』」ジェンダー法政策研究所＝辻村みよ子＝糠塚康江＝大山礼子編『選択的夫婦別姓は、なぜ実現しないのか？』花伝社（二〇二二年）六七頁以下参照。

37　辻村前掲注（8）二九二頁以下参照。

38　高柳信一「戦後民主主義と『人権としての平和』」世界一九六九年六月号、井上ひさし＝樋口陽一編『「世界」憲法論文選』岩波書店（二〇〇六年）二〇九頁以下、辻村『憲法から世界を診る』法律文化社（二〇一一年）二頁以下参照。

39　平和的生存権の権利構造については、辻村前掲注（8）『憲法（第7版）』七九頁以下のほか、辻村前掲注（25）九二頁以下参照〔著作集第七巻所収予定〕。

40　世界の憲法の平和主義の規定を分類すると、以下の七つにわけられる。（a）抽象的な平和条項を置く国——フィンランド、インド、パキスタンなど、（b）侵略戦争・征服戦争の放棄を明示する国——フランス、ドイツ、大韓民国など、（c）国際紛争を解決する手段としての戦争を放棄し、国際協調を明示する国——イタリアなど、（d）中立政策を明示する国——スイス、オーストリアなど、（e）核兵器等の禁止を明示する国——パラオ、フィリピン、コロンビアなど、（f）軍隊の不保持を明示する国——コスタリカなど、（g）戦争放棄・戦力不保持を明示する国——日本、である。

このように、一七九一年のフランス憲法が侵略戦争・征服戦争の放棄を規定して以来多くの国が同じような規定をもつ。とくに第二次大戦後に制定された憲法には、フランス第四共和制憲法前文で「フランス共和国は、征服を目的とするいかなる戦争も企図せず、かつ、いかなる人民の自由に対しても、決して武力を行使しない」と規定したように、征服戦争を放棄した憲法が多い。フランスでは、現行一九五八年憲法前文で、一九四六年憲法前文を尊重すると宣言し、さらに憲法院がこれらに憲法規範性を認めたことで、征服戦争放棄規定は現行の憲法規範として存在している。詳細は、辻村『比較憲法（第三版）』岩波書店（二〇一八年）二二七頁以下、辻村著作集第六巻『比較憲法の課題』信山社（二〇二三年）四四二頁以下参照。

41　辻村『人権をめぐる一五講——現代の難問に挑む』岩波書店（二〇一三年）二頁以下参照。

42　リプロダクティヴ・ライツについては、辻村前掲注（41）一七頁以下、辻村＝糠塚康江＝谷田川知恵『概説　ジェンダーと人権』信山社（二〇二一年）一八三頁以下、辻村「リプロダクティヴ・ライツと国家の関与」辻村著作集第五巻『家族と憲法』信山社（二〇二二年）四七五頁以下参照。

43　代理出産については、辻村『代理母問題を考える』岩波書店（二〇一一年）、辻村前掲注（42）『家族と憲法』四九八頁以下参照。

第2章　女性の権利宣言からパリテ政策まで

――ジェンダー論の系譜

すでに第1章で見たように、一七八九年の「人および市民の権利宣言」は、「人の権利」と「市民の権利」を明確に保障した体系的な宣言であり、かつ、すべての人と市民の全体的な権利を一般的に保障した点で、まさに普遍的な人権の宣言であったといえます。ところが、実際にフランス革命期の諸法制をみると、少数者としてのユダヤ人、有色の自由人、植民地の奴隷、僕婢（家僕）のほか、女性の権利が認められていなかったのです。いわば、白人・男性・ブルジョアの権利が実現したのにすぎなかったといえます。その後一八四八年に奴隷制が廃止され、それから一〇〇年後に女性の参政権が認められました。

本章では、フランス人権宣言を批判して女性の権利を要求したオランプ・ドゥ・グージュから、二〇〇〇年のパリテ法の成果が実った現在までのフランスのジェンダー平等政策の過程を概観し、世界のポジティヴ・アクション展開の中での意義を明らかにします。

また、ジェンダーギャップ指数を一五位まで上げたフランスの現状と比較して、一一六位（二〇二二年度、一四三か国中）、さらに政治分野で世界ワーストテンの地位にある日本のジェンダー平等の現状を批判的に検討することは、のちに第5章（二二一頁以下）で行います。

ところで、フランスでは、女性参政権は法律上一九四四年に実現しましたが、憲法では一九四六年憲法第四条によります。現行の一九五八年憲法では、一九四六年憲法前文で補充された一七八九年宣言の内容が現行法として保障される形になっています。

フランス革命二〇〇周年のときに、フランス憲法院判事でパリ第二大学学長のジャック・ロベール先生を日本に招いて議論したところ、フランス政府・憲法院の公式解釈では、あくまで最初から抽象的な普遍的原理が確立されていた（形式的には女性の権利も入っていた）が、実際には実現してなかったという論理になる、という説明がありました。いずれにしても、一九五八年憲法前文で、一九四六年憲法によって補充された一七八九年宣言が現行法になった以上、一九四六年憲法の明文で、女性の権利も保障されるようになった、というのが、解釈論のようです。

本章では、以下、（1）フランス革命期のフェミニズムとオランプ・ドゥ・グージュの卓見を中心に革命期の状況を見たうえで、（2）二つの憲法と参政権の歴史、（3）クオータ違憲判決とパリテ法の成立、（4）パリテ法の改正と課題――ペア投票制とパリテ政策の展開、（5）ポジティヴ・アクションの意義と課題について検討します。

1　フランス革命期のフェミニズムとオランプ・ドゥ・グージュの卓見

1−1　フェミニズムの芽生えと展開――女性の権利要求の展開

フランス革命当時の女性の権利要求運動は、一般に次の四つの時期に区分されます。

［A］コンドルセやグージュなどによって両性の平等が唱えられた黎明期、［B］民衆協会やクラブで女性の活動が実践された絶頂期、［C］ロベスピエールやジャコバンとの反目が始まる斜陽期、［D］国民公会で女性のクラブが閉鎖され、ナポレオン法典の基礎が作られた終焉期です。[1]

このうちの［A］の黎明期は、女性のベルサイユ行進から始まります。これは、一七八九年七月一四日のバスチーユ牢獄襲撃の後、穀物の売り渋りが横行して、パンの値段が上がり、食物を求めて、一〇月五日朝から、約七〇〇〇人のパリの女性たちがベルサイユまで二〇キロを六時間かけて行進しました。これに対して、王妃マリーアントワネットはパンがなければブリオッシュ（菓子パン）を食べればいい、と言ったという話は有名です。この事件では、パリ市民の標章であった三色旗が衛兵によって破られたことなどをきっかけとして人民たちが怒り、国王をパリに連れ戻すことを要求しました。翌日、国王ルイ一六世はこの要求をのみ、パリに連行されて、それ以降チュルリー宮殿に住むことになりました。

写真２－１　ベルサイユへの行進（1789年10月5－6日）

一七八九年の段階で、すでに多くの陳情書のなかに女性の権利や両性平等を要求したものが存在していました。

また、このうち［A］の黎明期を代表するコンドルセは、女性の参政権を要求したことで、男性フェミニストの先駆者として後代に名を残しました。

コンドルセは、革命前夜に百科全書派哲学を学び、数学・経済学等にも秀でた貴族出身の才人でした。彼は、一七八七年の「ニューヘヴンのブルジョアからのヴァージニア市民への手紙」で示した女性参政権への支持を、一七九〇年の「女性の市民権の承認について」という論文のなかで展開しました。ここでいう市民権〔＝公民権〕とは法律の制定に参加する権利のことであり、参政権がその帰結でした。コンドルセは、女性が非理性的で正義の感覚に欠けるとする見方や、夫への従属状態を市民権剥奪の根拠にする考え方を明確に否定して、従来の女性参政権否認論を批判しました。彼は、両性平等原則を確認し、従来の不平等の原因が本質的な性差にねざすものではなく、教育や社会的配慮の相違に由来することを説いた点で説得力をもっていました。反面、「女性を家事から引き離すことは、農夫を鋤から職人を仕事場から引き離すと同様できないことである。……女性が国民議会の議員になりうるからといって女性がすぐに子どもや家事や裁縫を放りだすと考えてはならない」という議論に示されたように、女性の育児・家事の役割を固定的なものとして捉え、女性の政治参加を付随的な職能としかみていない点に欠陥があったといえます。

［B］の絶頂期といわれる革命初期（一七九〇～一七九三年）には、女性新聞やパンフレット等の文筆活動、政治集会での言論活動が進展しました。テロワーニュ・ドゥ・メリクールなどが、女性協会等で要求を出して、フェミニズムの先駆となった運動が広がりました。「革命共和主義女性協会」の中心人物であったポーリヌ・レオンやクレール・ラコンブらが、過激派リーダー「アンラジェ」と行動を共にしたために、女性は、パリのセクション内のクラブや民衆協会への参加も活発で、食糧、物

価、社会扶助等の要求を展開していました。

しかし、民衆協会やクラブで女性の活動が実践されたにもかかわらず、市民としての女性の政治的権利は、公務に参加する能力・資格のない子ども、外国人、「公的施設の維持に貢献しえない者」（受動市民）らと共に、除外されました。この背景には政治的権利を行使する市民を「能動市民」に限定する構想がありました。一七九二年の段階では、ジロンド派に近い立場でサロンなどを開いていた彼女らは、王党派からは過激すぎるとして弾圧され、ジャコバン派からはジロンド派や反革命派として攻撃されました。メルクールも一七九三年に負傷して精神を病んで、のちに病院で死亡します。

［C］斜陽期（一七九三〜一七九四年）の兆候は、とくに、ジロンド党に代わってモンターニュ派が政権をとった一七九三年六月ころから強まります。とくに、一〇月一〇日の一七九三年憲法の施行延期後は、いわゆるジャコバン独裁のもとで恐怖政治が始まります。

一七九三年一〇月三〇日には、女性の政治結社と政治集会への参加が禁止されてしまいました。女性参政権問題が議会内で審議された際の、一七九三年一〇月三〇日のモンターニュ派のアマール（Amar）が次のような演説を行って女性の政治結社を禁止する理由を述べました。

それによれば、第一に、「女性は政治的権利を行使し、政治問題に積極的に参加することができるか」という点について、女性は政治に必要な能力や資格をもっていないとした。第二に、「女性は政治的結社あるいは民衆協会に結集して議決することができるか」、という点について、「［民衆協会の］有益だが骨のおれる仕事に、女性は没頭することができるのか。否。なぜなら、女性は、本性によって求められている、より重要な仕事に献身しなければならないからである。女性が自然によって宿命づけられている任務は、社会の一般的な秩序に由来する。この社会的秩序は、男女間の差異の帰結である。各々の性は、それぞれ固有の職種につくようになっているのだ。……では、〔男性が強健で活力に満ち、その体力・知力・能力が要求するすべてに適しているのに対して〕女性固有の特質とは何だろうか。……人の教育を開始し、子ども達の精神を公の徳にむかわせる……などのすべてのことが、家事につづく女性の任務なのである」と。

さらに一七九三年秋の恐怖政治の開始とともに、多くの活動家が弾圧されることになり「革命共和主義女性協会」のポーリヌ・レオンやクレール・ラコンブらも逮捕されました。〔D〕の終焉期（一七九四～一八〇〇年）が一七九四年春頃から始まります。その後、一七九五年五月のプレリアル蜂起とその弾圧を経て、女性のみの議会の傍聴と女性の政治的集会への参加を禁じるデクレが発せられます。一七九五年五月二三日の法律では、「秩序の回復まで、すべての女性が各自の家庭に帰ること」が命じられ、五名以上の女性が街路に集まっているのがみつかれば、武力によって解散させられ、命令に従わない者はパリの秩序が回復されるまで逮捕されることが定められました。

このような「家庭復帰令」は、女性の集会やデモによる秩序の乱れを抑えるという名目で発せられたのですが、その背景には、女性の性別役割分担の固定化・特性論が当時の政治支配者にとって必要であったことが推察されます。

1−2　オランプ・ドゥ・グージュと女性の権利宣言

(1) フランス革命期のオランプ・ドゥ・グージュ[2]

「女性（femme）および女性市民（citoyenne）の権利宣言」（以下、女性の権利宣言）を著したオランプ・ドゥ・グージュは、一七八九年の「人権宣言」が、女性の諸権利を保障していないことを最初に批判したことで有名です。オランプ・ドゥ・グージュは、劇作家として、奴隷制批判をしたほかたくさんの政治的文書も書きましたが、決して女性団体の運動などは組織せず、活動家でもありませんでした。上記［B］の時期にも、民衆協会などに加入せず、独自にパンフレットを刊行したり、ポスターを発行するなどしていましたが、一七九三年七月に逮捕されます。

一七九一年九月に公刊されたグージュの女性の権利宣言は、すでに第1章（二一頁以下）でもみたように、一七八九年の「人権宣言」を模して一七カ条からなり、各条文の権利主体を、女性・女性市民あるいは両性に変更する形で構成されていました。

なかには、単に、人権と主権の主体を、男性と女性に書き直した条文もあれば、女性固有の視点を示した条文もあります。人権宣言との対比では、四つのグループが区別できます。

①「人権宣言」の表現と殆ど変更がないもの（第三条後段、第六条、第八条前段など一般原則）、
②主語を、人あるいは市民から両性（「男性と女性」「男性市民と女性市民」）に変更したもの（主権が男女の国民にあることを定めた三条前段など）、
③「人権宣言」の主語を「女性」・「女性市民」に改め、女性の権利保障を強調したもの（第一〇・一一・一七条など）、

④「人権宣言」の枠をこえたもの（第一六条）です。

このうち、③は、女性の権利論の特徴や内容を検討する際に重要な視点を提供するものです。例えば、「思想および意見の自由な伝達は、女性の最も貴重な権利の一つである。それは、この自由が、子どもと父親の嫡出関係を確保するからである」（第一一条）という文言は有名です。子の父親を明らかにする権利については、婚外子とその母親の法的救済を要求し、ひいては性の自由の保障を要求するものとして注目されます。

また、第一〇条で、「女性は、処刑台にのぼる権利をもつ。同時に女性は、……演壇にのぼる権利をもたなければならない」という条文も、参政権を要求するだけでなく、女性も公的な責任や制裁を受ける覚悟があることを示しています。

さらに、第一七条は「財産は、結婚していると否とにかかわらず、両性に属する。財産権は、そのいずれにとっても、不可侵かつ神聖な権利である」として、両性の所有権を保障しました。これは当時の女性の地位向上のために固有の目的をもつものと解することができます。

このほか④では、「人権宣言」第一六条（「権利の保障が確保されず、権力の分立が定められてないすべての社会は、憲法をもたない」）に対して、「国民を構成する大多数の個人が憲法の起草に加わらない場合、その憲法は無効である」という一文を追加して民主的な憲法制定参加手続を要請した規定は重要です。この規定にはグージュの宣言が当時の革命指導者と比べて勝るとも劣らない構想のもとに、「人権宣言」を超える民主的な内容をもっていたことがわかります。

しかし実際に、彼女は「三つの投票箱」と題するポスターを公表し、共和制、連邦制、君主制のうちどれがいいかを市民の投票で決定することを提案しました。これは、共和制以外の政体を支持して君主制の再建等を公刊した者は死刑に処せられることを宣言した一七九三年三月二九日の法令（デクレ）に違反していたため、彼女は七月に逮捕され、一一月三日に処刑されました（本書第1章二三頁参照）。

(2) フランス革命期のフェミニズムとオランプ・ドゥ・グージュ[3]

グージュは、権利宣言作成当初は上記のように立憲君主制に親和的な立場でした。しかし国王の処刑（一七九三年一月）以降はジロンド派に近い立場を示し、ジロンド派追放（同年六月）以降はロベスピエールなどのジャコバン派を非難していました。[4]［B］の絶頂期に「革命共和主義女性協会」で活躍したポーリヌ・レオンやクレール・ラコンブらとは、食糧の要求等の点では全く異なる立場でしたが、特徴的なことは夫婦財産制や婚外子の差別禁止などを主張していたことです。

このことは、女性の権利宣言第一一条や第一七条の他、「女性の諸権利」に付された「男女の社会契約の形式」[5]と題するパンフレットのなかで、夫婦財産の共有を基調とする夫婦財産契約の締結を主張していたことに示されます。ここでは、男女が自由意志のみに基づいて一定期間、契約して同居するという社会契約の内容が定められていました（本書では、第3章一二五頁以下で家族論としても注目しています）。

契約の内容は、①二人の財産を共有にすること。②子どもたちのために、財産を分与する権利を留保すること。③子どもがどのベッドから生まれようと、二人の財産が直接子どもに属することを了承すること。④離婚の場合は財産を分与させ、子どもの取り分を、法律によって、天引きで差し引き徴収することなどです。ほかにも寡婦や男性の犠牲になった女性たちへの手当ての保障などを提案していました。これらのことから、二〇世紀後半のラディカル・フェミニズムの先駆者としての位置づけも不可能ではありません（本書一二六－一二七頁以下参照）。

（3）グージュの位置づけをめぐる「論争」と現代に生きるオランプ・ドゥ・グージュ

フランスでは、一九八九年のフランス革命二〇〇周年に、革命の意義づけをめぐって学界を二分する大論争が展開されました。その結果、従来のマルクス主義的・伝統的な革命史観（「下からの革命」論・経済決定論）ではなく、ジロンド・モンターニュ派の対立も戦略的な差異にすぎないと解するアナール派の見解が有力になりました。このような理論状況を背景に、グージュの権利宣言を高く評価するフェミニストと、伝統的な革命史観にたって彼女の「反革命派」としての政治的立場を重視して民主的・先進的フェミニストとしての位置づけを疑問視する立場が分かれることになります。

一般には、オランプ・ドゥ・グージュが近代的人権の本質や限界を批判したフェミニストの先駆者として高く評価され、このようなグージュの功績を称えるためフランス各地の二〇以上の町でオランプ・ドゥ・グージュ通りがつくられるなど、その名は世界中で知られるようになりました。二〇〇三年にパリ三区にグージュ広場（Place d'Olympe de Gouges）が作られ、二〇〇四年の国際女性デーにはデモ行進も行われました。同年三月八日のデモ行進の際には、グージュの伝記作家のオリヴィエ・ブラン氏ともお会いしました。

また、パンテオンにグージュを葬る運動（Panthéonisation）が一九九〇年末から始まり、二〇一四年には最終候補者四人に含まれました。しかし結局、彼女の「反革命派」としての立場を重視する左翼政党などが反対して、持ち越しとなりました。そのかわり二〇一六年一〇月一九日には、国民議会（ブルボン宮）の一角にグージュの胸像が建設され、女性の権利宣言の意義が永久に称えられることになりました。国民議会にも彼女の胸像が置かれています。

写真2-2　オランプ・ドゥ・グージュ通り
©Ralf.treinen

二〇一三年には、雑誌『マリアンヌ』に、グージュを「テルールに立ち向かった女性」として讃えた記事が掲載されました。ここでは、彼女が、女性であるが故に、また女性としてのヒューマニスト・革命家としての思想の故に犠牲になったと記述され、パクス（Le Pacs）よりも二〇〇年も前に婚姻を男女の社会契約と解したことが重視されました。

しかしこれに対して、歴史家のフロランス・ゴティエが批判し、伝記作家オリビエ・ブランも加わって、論争が展開されました。

すべての人と市民が自由で平等であるという近代人権原理に対して世界で最初に体系的な批判を加えたグージュは、近代的人権が男性・白人・ブルジョアの権利にすぎなかったという限界を暴露して女性の権利を確立した点でフェミニストの先駆者であったのは確実です。しかし同時に、自らの政治的思想が立憲君主制ないし穏健な共和制を志向した点で、近代ブルジョア革命の限界のうちに留まったことも事実です。

このようなグージュの位置づけをめぐる議論は、「フェミニスト」と「反革命派」という理解の間で、今後も続くことが予想されます。世界的な議論の動向が注目されます。[6]

1-3　近代市民革命における女性の権利排除の理由

フランス革命後、一八四八年二月革命の際に男子普通選挙が実現されますが、男女普通選挙が実現するのは、一〇〇年後の一九四六年憲法です。

なぜこのように長い時間が必要だったのでしょうか。フランス革命などの近代（市民）革命において女性の権利が排除された理由について考えてみましょう。

世界の人権史の出発点をかざった近代市民革命は、特権社会のくびきから身分的解放を達成し、等質的な近代市民社会のなかで、自由で平等な個人を確立しました。しかし実際には、市民社会・資本制社会における有産男性の解放を達成したにすぎず、市民社会での「受動市民」（とくに無産男性と女性）に対するいわば「公民権差別」と、資本制社会でのいわば「階級差別」を存在せしめていました。

とくに女性についてみれば、近代市民革命は、身分制社会の身分差別にかわる資本制社会での「階級差別」のもとに女性労働者（無産女性）を抑圧したと同時に、女性のみに対するもう一つの差別として、近代社会で再編成された〈近代型〉家父長制社会のもとでの「性差別（性支配）」によって女性を従属的地位に固定しました。近代市民革命は、「外」に対しては平等で均質な市民の社会を形成することを理想としつつ、「内」に対しては、妻や娘に対する男性（夫や父）の支配を温存し、市民社会の構成員としての「市民」を男性（家父長）によって代表する体制を維持したのです。ローマ法やゲルマン法についてみたような〈前近代型〉家父長支配の原則が、革命期の民事法制による婚姻の世俗化や契約化、家団支配からの個人の確立という近代の理念にもかかわらず、革命後のナポレオン民法典のなかでも維持されたことは、近代市民社会のもつ本質的な性差別構造、いいかえれば、近代市民社会の構造を支えるものとしての家父長支配の意義を示すものでした。

「人権宣言」によって「人間」としての自由と平等を確保しえたはずの女性は、前近代の封建的家父長制の支配にかわる新たな近代的家族制のもとでも、同じような性支配のために、婚姻や身分にかかわる市民的（民事上の）権利を制限され、妻の所有権や表現の自由など自然的権利（自然権としての人権）をも否定されることになりました。さらに「人権宣言」が「人」の権利と「市民」の権利を区別した近代人権論の二重構造のなかで、女性には、仮に、「人」としての権利が実現されたとしても、「市民」の政治的権利は認められない、という論理が適用され、市民社会の構成員になることから排除されてしまったのです。こうして、従来から指摘されていた女性に対する「階級差別」と「性差別」との二重の差別に加えて、もう一つ、成立した市民社会の構成員としての「市民」の権利を拒絶するいわば「公民権差別」によって、女性は、近代市民社会のなかで三重の差別のもとに置かれることになったといえるでしょう。

一方、近代市民社会を形成した革命の男性指導者たちは、このような女性の権利（とりわけ政治的権利）の排除の理由について、概ね三つの要素をかかげていました。第一の論拠は、妊娠・出産などの肉体的性差にもとづく母性の強調であり、この性差から導かれる男女不平等論でした。そもそも男女は異なるものであるという自然的不平等論から、女性の権利や権利の平等を考慮する必要がないと考える理屈がこれにあたります。第二は、このような肉体的差異を前提として、女性の特性や一般的性格を論じることから女性の権利制約を正当化する、いわば「特性論」です。これは、例えば女性の能力や教育の欠如、あるいは女性の羞恥心や興奮しやすい特徴など、典型的性格論から女性の権利とその行使を否定する議論です。第三は、同じく第一の肉体的性差に依拠しつつ、女性の性別役割分担を固定化し、この役割と抵触する女性の権利を否定しようとする性別役割分業論でした。この立場は、女性の役割を家事・育児等に留めることによって、「男は外に、女は内に」という社会的分業を維持するために、女性の権利の獲得と行使に反対するものといえます。

これらのうち、とくに第二の特性論と、第三の性別役割分業論は、実際に女性の政治的権利（政治結社の自由や政治活動の自由、および選挙権・被選挙権）を否認する際に強調されたものですが、女性の市民的・民事的権利の制約についても、妻の法的無能力を前提とする多くの権利制限（財産処分権等の否定）の理由として用いられていたことがわかります。

1-4　諸国におけるフェミニズムの展開[7]

(1) イギリス

イギリスでは、メアリ・ウルストンクラフトという人が、エドマンド・バークの「人権宣言はナンセンスだ」というフランス人権宣言批判に対抗して、「人間の権利の擁護」という論文を書き、そして二年後に、『女性の権利の擁護』を出しました。メアリ・ウルストンクラフトも当時は全然関心を持たれませんでしたが、一九世紀の中ごろになってきますと、フェミニズムとして女性の権利要求が強くなってくると同時に、非常に重視されるようになってきます。今では第一波フェミニズムの中心人物と考えられています。

(2) アメリカ

アメリカでは、エリザベス・スタントンという人が有名です。この人は、一九世紀、一八四八年に世界の奴隷解放運動の大会がロンドンであり、ルクレシア・モットという友人と一緒に参加しますが、来ている人は男性ばかりで、女性は隣の部屋にいてくださいとカーテン越しにしか参加させてもらえませんでした。そのため、これにショックを受けて、奴隷解放運動と同時に女性解放運動もやらなければ駄目だということを痛感して、アメリカに帰って、ニューヨーク州の国立公園になっている所ですが、女性の権利の集会を開いて、「女性の所信宣言（Declaration of Sentiment）」を出すわけです。ここで初めて女性参政権を要求します。

アメリカでは、州のレベルでは一八六九年に一部の州で女性参政権を認めますが、憲法で認められてくるのは一九二〇年代です。世界全体では、ニュージーランドやオーストラリアで一八九〇年代から認められるようになってきます。権利の要求は世界的に起こってきますが、大体一八九〇年代から一九一四年の第一次大戦にかけて世界的に女性の権利が認められるようになってきます。

（3）第一波フェミニズムから第三波フェミニズムへ

これが第一波フェミニズムの時代です。第一波フェミニズムの段階は、女性も男性と同等の権利を持つため、男性が持っている権利を女性にも与えよ、という要求です。これはリベラル・フェミニズムといわれます。「国家からの自由」すなわち、国家は女性に対する差別をしないで下さい、という要求をしていたわけです。

これに対して、社会主義フェミニズムがあります。これは主に経済体制、社会主義的な体制変革がないと、フェミニズムも実現できないと考えました。マルクスの思想が前提にあり、一八四八年の資本論を中心に、サン＝シモンやフーリエ、ルイーズ・ミシェルなどフランスの一九世紀前半の初期社会主義、それから、マルクス主義がフェミニズムと結び付いてくる過程が各国であります。フーリエ、サンシモン主義の流れはここでは省略しますが、日仏女性研究学会主催の国際シンポジウムで報告され、『女性空間四〇号』に内容が掲載されていますので、ごらんください。[8]

そして、社会主義が実現されないとフェミニズムの運動も完結されないという論理によって、マルクスは一八四四年のユダヤ人問題の中でフランス人権宣言のブルジョア制を批判します。階級制の観点から、労働者階級の搾取をやめないと女性も当然解放されないということを主張し、次いでベーベルが女性の問題を取り上げました。プロレタリア女性は女性としても差別されて、労働者としても差別されているという二重の差別を被っていたわけです。

この二重の差別まで議論が進んだのが第一波フェミニズムですが、もう一つ、性支配があることが重視されるようになります。例えば性犯罪やＤＶを受けたりする現実は何から出てくるのか、当時は家父長制といわれましたが、階級としての差別と、女性としての性支配と、それからもう一つ、家父長制による支配があるのではないかという議論になってきます。

一九六〇年代から、ラディカル・フェミニズムが注目され、ベティ・フリーダンの『The Feminine Mystique』（これは日本では『新しい女性の創造』と訳されています）のような議論がウィメンズリベレーション、ウーマンズリブの火付け役になってきます。そして、ラディカル・フェミニズムはその中から特に性支配構造を暴露して、家父長制の言葉で議論を結び付けて、性の問題、中絶の自由、シャドー・ワーク（家庭内で家事育児を無償でしているとする無償労働）の告発などを重視しました。このようなラディカル・フェミニズムの流れの中でセクシュアル・ハラスメントや、あるいはドメスティック・バイオレンス、そういった問題が法律的にも糾弾されていく過程があります。これは、キャサリン・マッキノンという弁護士で憲法学者でもあるミシガン大学教授が中心になって運動を起こし、性犯罪に対するアンチポルノ条例の制定なども指導しました。

また、マルクス主義フェミニズムは、社会主義フェミニズムが第二波に発展していくのですが、家父長制と資本制を二つの制度として位置付けて、社会主義の理論、マルクス主義の理論によって女性解放の方向性を理論化していきます。ここでは家父長制と資本制という二つのワードを中心にしていることが重要です。

さらに、一九八〇年代ごろには第三波のフェミニズムになりますが、エコロジカル・フェミニズムなどが加わって、フェミニズムの百花繚乱《りょうらん》といわれるように、さまざまな系譜が出てきます。他方で、フェミニズムの終焉がいわれるようになり、ジェンダー論にかわってきました。第三波フェミニズムの頃からポスト・フェミニズムがいわれるようになって、二一世紀の現在はポスト・フェミニズムの時代になり、フェミニズムからジェンダー論に移行しました。

他方、フェミニズム論の方は、キンバリー・クレンショーなどを中心に、人種、障害者との複合差別を問題とする「インターセクショナリティ（交差性・複合性）」の議論が展開されています。

2　二つの憲法と参政権の歴史

フランスのジェンダー平等政策が、革命期以来の人権論、女性の権利論や、人民主権的な民主主義理念に基礎をおいていることから、ここではパリテ政策についてみる前に、フランス革命期の二つの主権論・選挙権論や憲法史の展開についてもみておきます。

本書でのちにみるように、フランスのパリテ政策や同性婚法、「氏の選択」法などが、いずれも、大統領選挙の公約の中で論じられ、政権交代が実現される中で少しずつ社会に受け入れられてゆく経緯があります。人権もジェンダー平等も、いずれも民主主義の上になりたっているのです。そこで、フランスの民主主義の構造や選挙の仕組みについても、知っておくことが必要です。

2-1　フランスは主権論の母国

最初に、主権の観念を理論化したのが、フランスであり、フランスは主権論の母国である、ということから始めます。そもそも主権（souveraineté）の観念は、中世の一〇世紀頃から封建諸侯の地位を示すsouverainを語源として発生し、一二五〇年代頃からフランス国王の相対的な優位を示す語として用いられました。その後、国王権力の拡大によってしだいにフランス国王の独立・最高性を意味するようになり、ジャン・ボダンという法学者（経済学者・弁護士）が、一六世紀後半、一五六七年の『国家論六篇』のなかで絶対君主の権力を正当化するためにこれを理論化したのです。ボダンは、「国家の絶対的かつ永久的権力」すなわち国家権力自体をさす概念として最高・絶対の主権を定義し、君主の権力と統一的に理解することで君主主権を理論化しました。

ここでは、立法権・宣戦講和権・官吏任命権・最終審裁判権・恩赦権・貨幣鋳造権・課税権等がその内容とされました。

実際には一六世紀の終わりからブルボン王朝が栄え、アンリ三世・四世、ルイ一三世（一六一〇～一六四三）をへて、ルイ一四世（一六四三～一七一五）の時代に、「朕は国家なり」という言葉が示すような「絶対王政」が確立され、君主主権と国家権力が一体化されましたが、一八世紀になると、ルソーの『社会契約説』やシイエスの『第三身分とは何か』などの影響を受けて、人民（プープル）主権や国民（ナシオン）主権などの理念が展開され、君主以外の主権主体が想定されてきます。

フランスは、人権の母国でもあることや、一七八九年人権宣言二〇〇周年の逸話については、すでに第1章でみましたので、本書九頁以下をご覧下さい。

これまで一七七六年のアメリカ独立宣言や、一七八九年のフランス人権宣言によって近代的人権を確立してきたことを指摘したのですが、これらの人権宣言には、主権の所在や、選挙権・参政権のことも書かれていて、国民主権、統治制度、国民代表制、民主主義に関する規定ももっていました。

2-2 フランス革命期の憲法[9]

フランス革命期には、一七九一、一七九三、一七九五、一七九九、一八〇二、一八〇四年の憲法のように、六つの憲法が制定されましたが、一七九一年憲法と一七九三年憲法の二つの憲法体系に分けることができます。

(1) 一七九一年憲法とナシオン主権

一七九一年憲法は、冒頭に上記の人権宣言が付され、本文は、全七篇二〇七条からなる大部な憲法です。第Ⅰ篇基本条項につづく、第Ⅱ篇王国の区分と市民の身分(第一-一〇条)では、フランス人を父としてフランスで出生した男性、外国人を父としてフランスで出生し居住した男性、フランスを父として外国で出生しフランスで居住して市民宣誓した男性等がフランス市民として認められた(第二条)。第Ⅲ篇(第一-一八一条)では、公権力の組織について定められ、その第二条(第一二条)は、権力の淵源が君主にではなく国民の側にあることを宣言し、(広義の)国民主権原理を表明していました。

一七八九年の段階では、主権(権力の淵源)が国民にあることが宣言されたにしても、実際に誰がどのように主権を行使しうるか、という問題については、必ずしも明確にはされていなかったのです。とくに人権宣言第六条がルソーの影響を強く受けてすべての市民の立法参加権を掲げていることから、その国民主権原理がルソーの主張する（狭義の）「人民（peuple）主権」であるという解釈も可能となるようにみえました。しかし現実には、人権宣言採択の数日後の審議ではすでに制限選挙制の構想が提示され、同年一二月のデクレや一七九一年憲法では制限選挙制が採用されて、ブルジョア男性からなる能動市民だけが選挙権と被選挙権をもつ制度が確立されました。

一七九一年憲法では、第Ⅲ篇第一条は「主権は、単一・不可分・不可譲で時効によって消滅しない。主権は、国民に属する」として、国民（nation）主権原理を宣言し、さらに、「すべての権力は、国民にのみ由来する。国民は、代表者によってしかそれを行使することができない。フランス憲法は、代表制をとる。代表は立法府と国王である。」（第Ⅲ篇第二条）として、国民代表制と立憲君主制を採用しました。

（2）一七九三年憲法（ジャコバン憲法）とプープル主権

フランス革命の進行過程では、一七九二年八月一〇日の王権停止が重要な分岐点になります。一七九一年憲法でブルジョアジーの政治支配から排除された民衆は、一七九二年八月一〇日に王宮を襲撃して王権を停止させ、九月に初の男子普通選挙で選出された国民公会で、ルイ一六世の処刑や共和制憲法の制定を決定しました。共和制憲法の内容について公募に応じた憲法草案は三〇〇にも及びました。ジロンド派のコンドルセ（M.J.A.N.C. Condorcet）の草案（ジロンド憲法草案）やジャコバン派

（モンタニアール左派）のロベスピエール（M. Robespierre）の草案などが提示されたのち、ジロンド派追放後の一七九三年六月二四日に、モンターニュ憲法（又はジャコバン憲法）が採択されたのです。君主制が終わって、九月から共和制のための憲法を制定するための議会、国民公会が活動します。

成立した一七九三年憲法では、一七九一年憲法とは異なって、すべての市民の総体としての人民（プープル）を主体とし、市民がみずから主権を行使することのできる「人民（peuple）主権」原理を標榜していました。ここでは、主権者人民を構成する市民には一定の外国人をも含みうることを認めたほか、主権者が、人民拒否や人民投票によって、意思決定に参画する直接民主制的な統治原理を採用したのです。

（3）二つの主権原理と選挙制度

フランス一七九一年憲法と一七九三年憲法の二つの憲法は、それぞれ、「国民（ナシオン）主権」と「人民（プープル）主権」といわれる主権原理をもっていました。この区別は、第三共和制期のカレ・ドゥ・マルベールという憲法学者によって理論化されたものです。[10]

一七九一年憲法では、国家権力としての主権が国籍保持者の総体としての国民（全国民・ナシオン）に帰属するという（狭義の）「国民（nation）主権」原理を採用しました。ここでは、主権の主体としての国民は観念的・抽象的な国籍保持者の総体と考えられた（幼児も主権者だった）ため、国民自体は、本来意思決定能力がなく、主権の行使は意思決定能力をもった国民代表に委ねることを余儀なくされました。

さらに、選挙は、制限選挙制であり、それを正当化するために、選挙権は権利ではなく、「全国民の為にする公務である」と解されました。納税者株主論とも言われ、一定の税金を支払える能動市民と、貧民男性・女性・子どもなどの受動市民の二つにわけられました。

実際には、当時の人口約二六〇〇万人、成年男子人口約七〇〇万人のうち、能動市民約四三〇万人、間接選挙制のため実質的な「選挙人」数はわずか四万人に制限されていました。

こうして、主権の「帰属の主体」（全国民）と「行使の主体」（国民代表）が分離され、国民代表制と国民主権原理の結合関係が明らかにされました。また、国民代表は、「命令的委任（mandat impératif）の禁止」によって、国民の意思から独立して行動することが可能とされ、国民代表と国民の間の強制的・命令的な委任関係は否定されました。ここでは、選挙民からの委任は、自由委任・一般的委任・非強制的委任を内容とするものに限られました。この体制を、フランス憲法学では「純粋代表制」と呼びます。

これに対して一七九三年憲法（ジャコバン憲法）のほうでは、一七九一年憲法とは異なって、すべての市民の総体としての人民（プープル）を主体とし、市民がみずから主権を行使することのできる「人民（peuple）主権」原理を標榜しました。

ここでは、主権者人民を構成する市民には一定の外国人をも含みうることを認めたほか、主権者が、人民拒否や人民投票によって、意思決定に参画する直接民主制的な統治原理を採用しました。一七九三年憲法では、「主権者人民は、フランス市民の総体である。主権者人民は、直接、議員を選出する」（第七‐八条）と定めていました。

このように、政治的意思決定のできる市民の総体を主権者とする、人民主権（プープル主権）の原理のもとでは、選挙権について、人権宣言第二九条のなかで、「各市民は、法律の判定と、受任者もしくは代理人の選出に参与する平等の権利を有する」として選挙権が各市民の「権利」として明示されました。このことは「人民主権」下の選挙権の本質論を知るうえで重要な意味をもつものといえます。また、選挙制度について、男子普通直接選挙制を採用していました。

また、立法手続きについて、一七九三年憲法では、人民への立法権の帰属を原則的に確保するために「人民拒否」（あるいは「任意的レフェレンダム」）の制度がおかれ、立法府は法律案作成権限のみをもつものとされていました。

このほか一七九三年憲法では、権力の集中、執行権の人民及び立法府への従属が企図され、全体として、主権者人民及び立法府への権力集中による「人民－立法府－執行（行政・司法）府」という系列的な統治システムが確立されていました。

この憲法は、初の人民投票で成立し、「自由の第四年、平等元年」とよばれた革命状況を反映した急進的・民主的な憲法でした。

（4）一七九三年憲法の史的展開

一七九三年六月二二日に制定されたこの憲法は、当時戦争状態に入ったことを理由に、一七九三年一〇月一〇日に、平和到来まで施行延期され、結局、施行されないで終わった幻の憲法でした。にもかかわらずその後の民衆運動のなかでモデルとされ、二〇世紀における社会主義憲法への展開、あるいは資本主義憲法の現代的展開のなかで部分的に実現されることになったのです。

王権神授説に裏打ちされた絶対王政下の君主主権論から、一八世紀のフランス大革命期に確立された「国民（ナシオン）主権（souveraineté nationale）」を経て、現代的な「人民（プープル）主権（souveraineté populaire）」に展開しました。また、「純粋代表制（le régime représentatif pur）」は、一九世紀後半以降の男子普通選挙制の定着などを背景として、第三共和制下で「半代表制（le régime semi-représentatif）」に変化していました。一九四六年憲法ではさらに、「国民の主権はフランス人民に属する（La souveraineté nationale appartient au peuple français）」（第三条第一項）として「人民主権」原理への傾斜を示す主権規定の下で、人民の直接的な意思決定手続を憲法改正について部分的に導入する「半直接制（le régime semi-direct）」が採用されました。

こうして、フランス革命後に一旦憲法史から退場した一七九三年憲法の人民主権が、第二次大戦後の一九四六年憲法、現行の一九五八年憲法のなかで実現されるようになってきます。

2–3 フランス憲法史と女性参政権運動の展開

(1) 憲法史の展開

フランスでは、大革命期の一七九一年憲法から現行の一九五八年憲法に至る諸憲法の総数は一六にもなり、二〇二三年までの平均持続年数が約一五年（最長の第三共和制憲法で六五年間）という短命ぶりが特徴の一つになっています。このなかで、現行一九五八年制定の第五共和制憲法は、すでに六五年間運用されており、これまでの最長になっています。

また、諸憲法が採用した政治体制も、一七九一年憲法が立憲君主制、未施行の一七九三年憲法や一七九五年憲法が共和制、ナポレオン一世統治下の一八〇四年憲法が帝制というように各々異なり、これらの三つの憲法制度が一つのサイクルとなって繰り返されました。続けて、王政復古を実現した一八一四年憲章（シャルト）と一八三〇年憲章が立憲君主制、一八四八年の二月革命に続く第二共和制憲法が共和制、ナポレオン三世による一八五二年憲法が帝制を採用したことによって、第二のサイクルが形成されたのです。

その後は、第三共和制-第四共和制-第五共和制と共和政体が続きましたが、一八七五年の第三共和制憲法が「王制待ちの共和制憲法」といわれたように、その始期に立憲君主制の、また、ヴィシー政権下にあったその終期に帝制の影を見出すことによって第三のサイクルを認めることができます。この第三共和制期には、フランス公法学の進展によって大革命以来の憲法原理が体系化され、議会中心主義のもとで近代立憲主義が確立されました。とくに、公的自由（libertés pubuliques）の名で、いわゆる人権の基本原理が確立されたことが重要です。

(2) 一九世紀以降の女性の権利の展開

一七九三年に導入された男性普通選挙も一七九五年憲法で停止されて制限選挙に戻り、女性参政権導入はさらに遅れました。一八〇四年三月公布のナポレオン法典でも「夫権」のもとで女性参政権はおろか、家長の後見にあるものとされ、その後の復古王政によりいっそう自由・平等の理念は後退しました。一八一四年に離婚も禁止されて従属的な立場に置かれました。ようやく一八三〇年代の七月王政の時期に産業革命が進行してブルジョアジーが形成されたことを背景に男性普通選挙の再開を要求する動きが強まります。初期社会主義の中でフェミニズムの思想が形成され、フーリエや、サン＝シモンを中心とする女性団体が女性の解放や権利を要求しました。一八四〇年からは、サン・シモン主義の影響を受けたフローラ・トリスタンが生存権の思想を基礎に労働権の確立を称え、女性の権利を要求していました。[10]

そして一八四八年には二月革命がおこり、四月に男子普通選挙制が確立されました。しかし女性は依然として排除されました。第二帝制下の反動のなかで、ヴォワ・デ・ファム（女性の声）などの女性団体が解散させられましたが、一八七一年のパリコミューン時には、労働者の政権を確立するための社会主義が始まり、ルイーズ・ミッシェルなどが女性連盟（l'Union des femmes）等を組織して闘いました。

また、ユベルティーヌ・ジュリアン・オークレールらが中心となって女性参政権運動が組織化され、一八八一年には、「女性市民（La Citoyenne）」という新聞も発行されて活発化します。女性新聞「女性の権利」などの要求によって一八八四年には裁判離婚も復活しましたが、「夫権」が廃止されて妻の法的能力が認められるのは一九三八年のことです。女性参政権についても一九〇一年以降はたびたび法案が提出され、下院は通過しながら保守的な上院で否決されるという事態が続きました。一九一一年に「全国女性選挙権同盟（ＵＦＳＦ）」が創立されましたが、イギリス・アメリカと異なり、下院での反対も根強く、フランスでは、他の欧米諸国と異なり、第一次世界大戦後に実現させることができなかったのです。

女性参政権に反対する理由としてあげられたのは、「女性の手は投票用紙にふれるよりはむしろ、接吻されるためにある」とか、「投票すると育児を怠り、夫の意見に逆らうようになる」「投票すると女性が〝いやな女〟になる」などのほか、「夫に従うべき妻は、夫が投票するのだから充分である」とか、「夫が戦争で死んだ場合にだけ認めよう」とか、「投票は権利ではなく恩恵である」と捉える意見も多かったのです。これらはフランス革命期の一七九三年一〇月のアマールの演説（本書五九頁参照）と同じく、女性の特性論や性別役割分担論に根差すものでした[11]。

その後、ようやくフランスで女性参政権が認められるのは一九四四年四月二一日の臨時政府の措置令によってでした。最初の総選挙が実施されたのは一九四五年一〇月二日でしたから、フランスでは女性参政権は最初の男性普通選挙（世界最初）が行われた一七九二年、それが定着した一八四八年から、それぞれ一五〇年、一〇〇年以上遅れたことになりました。イギリスやアメリカが第一次世界大戦後に実現したのに比べても四半世紀半の遅れがあったのです[12]。

第二次大戦後の第四共和制下に制定された一九四六年憲法では、その前文で、男女平等のみならず、現代憲法の特徴としての人権の「社会化」現象によって社会権が保障され、民主的・社会的共和国であることが定められました。もっとも、第四共和制憲法は、小党分立下の政治的不安定のなかで、わずか一二年で命脈を絶ち、第五共和制憲法に強固な憲法体制の確立を託すことになりました。

2-4　現行一九五八年憲法――主権規定と統治機構

一九五八年にド・ゴールの指導下で制定された第五共和制憲法（一九五八年憲法）では、一九四六年憲法の第三条と同じ主権規定が置かれ、主権が人民にあり、代表若しくは自らが行使すると定められていました。議院内閣制と大統領制の中間形態をとりつつも、行政権の強化による政権の安定を目指して制定されました。

一九五八年憲法では、その後の憲法改正などによって、第一一条の人民投票の規定が強化され、住民投票も第七二条の地方自治制度の下で制度化されて、しだいに、先にみた「半直接制」の性格が強まって来ました。

すでに指摘したように、フランス革命期の二つの憲法の系譜（一七九一年憲法の国民＝ナシオン主権と、一七九三年憲法の人民＝プープル主権）のうち、前者から後者への展開が認められます。人権に関する規定については、一九五八年憲法前文で、「一九四六年憲法前文によって補充され、一七八九年人権宣言で定められた人権と国民主権原理を遵奉する（愛着 attachement を表明する）」と記載しているのみであるため、人権保障のあり方、とくに違憲審査権が重要な意味を持つことになりました。フランスでは、第三共和制期までは、ルソーの人民主権の理論では、主権者が法律を作るという意味で立法権が重視されたため、これに司法権が優越することは矛盾するとして違憲審査制が認められなかったのです。しかし、第五共和制下では、当初は政治的審査機関として設置された憲法院（Conseil constitutionnel）が、一九七一年の判決以降、積極的に人権保障機関としての役割を演じてきました。

さらに、第五共和制五〇周年の二〇〇八年に大規模な憲法改正を行い、従来の事前審査型に加えて、抗弁による事後審査制（ＱＰＣ、合憲性前提問題の審査制）を導入しました。この改革は、一九八〇年代のミッテラン政権以来の憲法改革の延長線上にあるといえますが、フランスの「憲法伝統」にとって、大きな転換期であることは間違いないことから、フランス憲法史を研究する上で、非常に大きな意義を担うことになりました[13]（本書一三三頁も参照）。

3　クオータ違憲判決とパリテ法の成立[14]

3-1　二〇世紀後半以降の展開

上記のように、一九四四年に導入された男女普通選挙制が一九四六年憲法で確立され、現行の一九五八年憲法でも第三条に男女普通選挙制が明記されています。

しかし、ナポレオン法典の影響によって、家父長制が定着していたこともあり、フランスで自由な協議離婚が認められるのも、実は一九七〇年代、一九七五年です。このことは予想外ですが、やはりキリスト教の影響や家父長制の残滓があり、ヨーロッパの中ではスイスに次いで女性の議員率が低かったのです。女性下院国会議員比率は一九七五年に二・七％、一九八五年に七・一％、一九九五年に六・四％でした。

そこで、一九七〇年代から八〇年代にかけて、第二波フェミニズムの影響を受けて、取り組みが進みました。

一九六八年の五月革命や世界的なウーマンリブ運動を経て、一九七五年に人工妊娠中絶の自由化が定められ、一九七六年には女性の地位省が設立されました。

一九八一年に社会党のフランソワ・ミッテランが大統領になると、これが女性の権利省と改称され、イヴェット・ルーディ（元工員）が大臣になって改革が進みました。ジゼル・アリミ（社会党議員・弁護士）の提案で、一九八二年に地方議会議員選挙三〇％クオータ制の草案が提出され、審議過程で二五％クオータ制に変更されて採択されました。

地方の選挙について、比例代表制を採っている市町村議会などで、一つの性が二五％以上を占めるように「候補者名簿は、同一の性の候補者を七五％以上含んではならない」という法律をつくったのです。これは、最低限、候補者リストに女性が二五％はいなければならない、という二五％クオータ制でした。

3-2　憲法院判決と憲法改正

ところが、憲法院は、「政治に性別はない」、すなわち、女性投票者は女性議員に投票するとは限らないし、政治的選挙の立候補で性別は関係ないという理由で、「選挙法二六五条に『性』という言葉を付加することは憲法に反する」としてこの法律は憲法違反だという判決を一九八二年一一月一八日に下しました。

違憲判断の第一の理由は、主権者市民の普遍性です。すなわち市町村議会のような政治的選挙では、主権者市民の資格によって選挙権・被選挙権を得ているのであり、市民資格について、性別を理由とする区別は認められない、という点です。これは、「普遍主義における市民は抽象的な存在であり、社会的にも宗教的にも文化的にも性的にも特徴づけられることがない」からであり、「パリテは普遍主義を損なう」からであるといいかえることができます。第二に、市民の概念を性によって二分することは、国民主権の不可分性に反することです。すなわち、主権の不可分性は選挙人団（市民）の不可分性によって担保されており、代表者は、性別にかかわらず全体の代表として行動するのであり、女性議員は女性代表ではないことに由来します。第三に、「パリテは女性が一定の結果に到達することを妨げている障害を除去するのではなく、女性を直ちにその目的に到達させることを目指している点で、『結果の平等』を帰結し、憲法の定める『平等原則』の保障の範囲を越えている」という理由が挙げられました。

フランスでは、このような一九八二年の憲法院違憲判決の影響でしばらく改革論が下火になりましたが、やがて、それならば憲法を改正して男女平等を実現しようという運動がでてきます。一九八九年一一月に欧州評議会が主催した、「パリテの民主主義」というシンポジウムが契機になって、パリテという言葉が広がり、一九九二年にガスパールら社会党出身のフェミニストらによって Au Pouvoir, Citoyenne, liberté, égalité, parité『女性市民よ、権力をとれ、自由・平等・パリテ』（一九九二年）という本が刊行され、グージュの系譜のうえに、「女性市民を権力の座に」、「欠陥のある普遍主義に女性を加えよ」、という合言葉が広がりました。一九八九年一一月の欧州委員会のアテネ会議（Femmes au Pouvoirs）もその機運を高めました。

一九九五年の大統領選挙では、三人の候補者、シラク、ジョスパン、バラデュールが、パリテの推進を公約に挙げ、シラクが就任すると、首相直属の諮問機関としてパリテ監視委員会が作られました。

一九九六年にはシモーヌ・ヴェイユら一〇人の政治家による「パリテのための一〇人のマニフェスト」(Le Manifeste des Dix pour la parité) が発表されましたが、一九九六年当時の下院の女性議員率は六・四% (世界一六六カ国中九八位) とヨーロッパではほぼ最下位でした。そこで一九九七年には首相に就任したジョスパンによって憲法改正が表明されました。

3-3 パリテ法の成立

一九九九年七月にジョスパン首相のリーダーシップにより憲法が改正され、憲法第三条五項に「法律は、選挙によって選出される議員職と公職への男女の平等なアクセスを促進する」、第四条二項に「政党および政治団体は、法律の定める条件にしたがって、第三条最終項で表明された原則の実施に貢献する」という項目が追加されました。

男女の平等のアクセスを促進するという規定で、フランス語でいえば「ファボリゼ (favoriser)」という言葉ですが、大して強い言葉ではありません。そのため、憲法を改正するときに男性議員たちもどういう法制度になるのかを全く予想しておらず、男性議員が居眠りをしている間に改正が実現したという笑い話があります。実際一九九九年憲法改正の際には、憲法条項にパリテの語を用いず、翌二〇〇〇年の公職における男女平等法 (通称パリテ法) に詳細な規定を規定しました。

翌二〇〇〇年に提出された「公職における男女平等参画推進法」(いわゆるパリテ法) では、選挙制度ごとに具体的に強制力の強い制度が定められました。

（1）普遍主義と差異主義の対立

パリテの理念は、割り当て（クオータ）ではなく、男女同数にすることであり、代表職や公職の権力を男女で平等に分かち合うことを意味しています。しだいに、社会全体の在り方の問題として定着しますが、パリテ法導入の局面では、パリテ推進派と反対派の間で論争がおこり、フェミニズムの分断が起こりました[15]。

推進派アガサンスキー「差異主義 différencialisme」「差異派」と、反対派バダンテールの普遍主義 universalisme」「平等派」との対立です。

ここでは、パリテ推移派の哲学者S・アガサンスキーと懐疑派E・バダンテールらとの論争が注目されました。

後者は、男女の差異を強調する差異主義が旧来の性差別の時代に逆戻りさせることを恐れて普遍主義を主張し、パリテ反対の論陣を張ったのです。これに対して前者は、主権者人民が男女の主権者から構成されていることを考慮して代表を選出すべきであるとして、パリテ導入を主張しました。

推進派からは、主権論についても普遍主義的（抽象的）国民主権〔ナシオン主権〕とは異なり、（主権は男女両性から構成される人民に属する）という具体的国民主権（人民主権〔プープル主権〕や市民主権）の発想が主張されていました（後述）。

このような論争を経てパリテ法が導入されたことによって、推進派の差異主義が勝利したように見えますが、実際には、推進派フェミニストの間でも（女性の特性論に依拠する）本質論的差異主義と、（文化的・社会的性差を重視する）文化的差異主義というべき立場に分断していました。

さらにパリテ反対派が依拠したフランス革命期以来の普遍主義の伝統が淘汰されたわけではありません（後述、九五頁参照）。

（2）フランス憲法学における差異主義と普遍主義

フランス憲法学では、パリテ導入の過程を普遍主義の現代的修正と解して「抽象的普遍主義から具体的普遍主義へ」、「男性中心の普遍主義から、性の視点を取りいれた普遍主義へ」（ドミニク・ルソー）と解する立場や、あるいは、「矯正的差異主義（différencialisme correcteur）」（O.Bui-Xuan）という解釈が示されました。[16] この過程は、差異主義の手法を「修正装置として」導入しつつ現代的に修正された普遍主義の確立を図るという現代立憲主義の挑戦として理解することができるでしょう。

ところが次の年に出てきた、いわゆるパリテ法、「公職における男女平等参画推進法」の内容が急進的で、選挙制度ごとに内容が詳細に定められています。

3-4　選挙制度とパリテ政策

（1）比例代表制の拘束名簿式一回投票制で選ばれる上院議員選挙と欧州議会選挙では、男女交互名簿方式が定められました。

元老院は選挙制度が頻繁に変更されており、現在では議席数三人以上の元老院議員を選出する選挙区では、①交互名簿が求められます。ちなみに、元老院は、国会議員・州・県議会議員・市会議員等の間接選挙で、二人以下では、パリテの適用はありません。

地方議会選挙の市町村議会では、六人ごとに男女同数とするように定められていました。二〇〇〇年の法律では、（ア）比例代表（一回投票）制選挙（上院議員選挙等）では候補者名簿の順位を男女交互にする、（イ）比例代表（二回投票）制選挙（人口三五〇〇人以上の市町村議会議員選挙等）では名簿登載順六人毎に男女同数とすると定めていました。

その結果、女性議員率が、二〇〇一年三月市町村議会選挙では二五・七％から四七・五％に、二〇〇一年九月上院議員選挙では六・九％から二一・六％に増えました。

地方議会選挙のレジオン（地域圏ないし州）議会および市町村議会では、（当初三五〇〇人以上の議会で、六人中三人でしたが）二〇一三年の改正で、人口一〇〇〇人以上の市町村では女男交互に、名簿に登載するように義務づけられました（人口一〇〇〇人以下の市町村では、多数代表制で実施されパリテの適用はありません）。

（2）小選挙区二回投票制で行う下院（国民議会l'Assemblée Nationale）では名簿式のパリテが使えないため、候補者の男女差が二％を超えた政党の助成金を減額することが定められました。男女の候補者の比率が二％を超えないように、四九から五一％の間にしないといけないという規定で、女性を四九％擁立できなかった政党は政党助成金を減らすという法律をつくったのが二〇〇〇年で、二〇年前です。

当時は社会党政権で、社会党がこの法律を制定したにもかかわらず、自分の政党では五〇％の女性候補者を集められませんでした。これは、下院議会は小選挙区なので、各選挙区で一位にならないと当選しません。そうすると、女性候補を出したくても勝てない候補者を出したら政党が負けてしまい、

図表２−１　フランスの選挙制度とパリテ政策

議会の種類	選挙制度	パリテ政策・女性比率（2021 年現在）	法改正、執行部他法的拘束
国会（上院＝元老院）【６年】３人以上選出の選挙区	比例代表制（拘束名簿式）２回投票制	女男交互　35.1%（上院全体、世界 20 位）	2000 年法、2003 年法 任期９年→６年、半数改正
欧州議会　【５年】	比例代表制（拘束名簿式）（全国統一名簿）	女男交互　49.4%（39/79）	2003 年法、2018 年法改正
地域圏議会　【６年】	比例代表制（拘束名簿式）２回投票制	女男交互　48.6%（世界 31 位）	2000 年法では６人中３人が女性
市町村議会（人口 1000 人以上）	比例代表制（拘束名簿式）２回投票制	女男交互　42.4%	2000 年法では６人中３人が女性 ＊ 2013 年法で 1000 人以上に改正
市町村議会（人口 1000 人以下）	多数代表（非拘束名簿式）２回投票制	なし　37.6%	＊ 2013 年法で 1000 人以上に改正
国会（上院＝元老院）【６年】２人以下選出の選挙区	多数代表（小選挙区制）２回投票制	なし　35.1%（上院全体）	
国会（下院＝国民議会）【5年】	小選挙区制２回投票制	政党助成金減額 39.5%（世界 31 位）	2000 年法　減額率 50%→ 75%→ 2014 年８月４日　減額率 150%
県議会　【６年】	小選挙区制・ペア方式	選挙区ごとに男女２名候補者ペア投票 50.0%	2013 年法 50%達成、議長：拘束なし、副議長：男女同数、常任委員会

（辻村みよ子作成）

政権が揺るぎます。そのため、政権を揺るがさずに勝てる方法でなければいけないので結局三〇%台しか出せず、お金で解決しました。政党助成金を減らされても仕方がないということです。

二〇〇二月六月下院選挙では、主要政党が女性候補者擁立に消極的で、女性候補者率三八・九%、女性議員率は一二・三%（一〇・九%から微増）にとどまり、小選挙区制におけるパリテ原則実施手段の困難性が示されました。

しかしその後、二〇一二年のオランド社会党政権のもとで閣僚の半数に女性が任命されたほか、下院議会の女性議員比率も二六・九%となりました。

その後もこの法律を改正して、減額率を五〇%から一五〇%に引き上げるなどの改革を行いました（次項参照）。

4　パリテ法の改正と課題──ペア投票制とパリテの課題

4-1　パリテ法の改正──パリテ政策の展開

(1) 国民議会選挙（小選挙区制）の候補者同数制

下院の政党助成金減額制度は、二〇〇〇年法では（男女割合の差の）五〇%とされていたのに対して、二〇一四年法で減額率を五〇%から一五〇%に引き上げました。例えば女性候補者を三〇%しか出せなかったら、男性七〇%との格差は四〇%なので、最初は（その二分の一の）二〇%分の減額でしたが、それを一五〇%にすることにより、政党の政治資金が六〇%も減額されるように法律を改正したのです。これによって、各政党が五〇%近くの女性候補者を出すようになり、比率を五〇%に近づけることができました。

(2) 男女ペア投票制（二〇一三年法）

最後まで改革が困難であった県議会選挙についても、二〇一三年五月の法改正によって「男女ペア立候補制（パリテ二人組小選挙区二回投票制）」が導入され、二〇一五年三月の選挙で女性県議会議員比率五〇%を達成しました。

県議会で二〇一五年三月末の選挙で、一晩にして五〇%を実現したのです。この改革では、これまでの一人区を二人区に改め、ペア方式（合区制度）、すなわち男女ペアでの立候補を義務づけ、名簿記載は姓のアルファベット順とすることのほか、予備候補も男女をペアにして、当選者が任期中に辞職した場合もパリテは維持されるようにしました。その後、県執行部にもパリテ原則を適用し、選挙後、女性議長も八人に増加しました。

女性議員比率の推移に関するグラフ（本書一一六頁、パリテ通信第2回参照）のように、パリテの成果が端的に示され、県議会選挙が二〇一五年三月二九日に行われ、急に五〇％になっているのがわかります（投票価値平等、人口較差二〇％以内を基準として選挙区も改定されました）。

（3）数の上での成果

社会党のオランド政権と、今はマクロン政権ですけれども、その中でパリテの実施を公約にして大統領選挙を戦ってきた結果、どんどん女性比率が上がって、小選挙区であるにもかかわらず、国民議会（下院）三九・五％の女性が当選しています。そして、ジェンダー・ギャップ指数（ＧＧＩ）も、二〇一二年は五七位でしたが、今は一五位にまで上がってきています。そのため、小選挙区の国でもやる気になりさえすればできるということが示されました。

最近は女性閣僚の世界ランキングも発表され始めましたが、フランスは二〇二〇年度・五二・九％で、世界一〇位になっています（二〇二二年七月現在では女性首相のもと、四二人中二一人。本書一二〇頁、パリテ通信第3回参照）。これに対して、日本は一五・八％で一一三位。二〇二二年八月の第二次岸田政権以降も一九人中二人です。

（4）世界ランキングの上昇

世界の下院議員比率の経年変化とくらべてみると、フランスは小選挙区制なので、パリテ法ができるまえは、五・九％、減額率を一五〇％にした二〇一四年法の成果が二〇一五年に出て、二六・二％になりました。

そして、社会党のオランド政権とマクロン政権でパリテの実施を公約にして大統領選挙を戦った結果、すでにみたように小選挙区であるにもかかわらず、二〇一七年以降、三九・五％の女性が当選しています。二〇二二年総選挙後は三七・三％となりました。

世界の下院議員比率をみると、世界のトップテンは、殆ど、議席クオータ制か、比例代表制の交互名簿方式の国であり、フランス、イギリス、アメリカなど小選挙区の国の中では、フランスは最高位の三六位、三七・三％（二〇二二年一二月一日現在）です。

4―2 パリテ政策の特徴と課題

（1）成功の要因

パリテ政策の成功の要因として、上記のような法改正を実現させたパリテ監視（suiveillence de parité）委員会や、現在の女男平等高等評議会（HCE：Haut Conseil d'Egalité entre les femmes et les hommes）、さらに「Elles Aussi」など女性団体等の組織の存在の重要性を指摘することができます。

(2) 残る課題

(1)パリテ政策が大きな成果を上げた反面、今後の課題として下院のパリテを厳しくすること、比例代表制への改革の可能性などの課題が残っています。例えば、ペア投票制を下院に導入すること等も有益ですが、この選択肢は実現困難であると解されています。

(2)パリテ政策の理念に関わる課題として、「差異主義と普遍主義の対立と止揚」の問題があります。一九八二年の憲法院違憲判決の主たる理由は、「主権・市民資格の普遍性・不可分性」であり、「主権行使に性別は関係ない」という普遍主義の論理でした。このため、一九九九年に憲法改正が必要となった局面では、上記のように、パリテ推進派の哲学者S・アガサンスキーと懐疑派E・バダンテールらとの論争が注目されました。

すでにみたように、後者バダンテール（バダンテール上院議員夫人）は、男女の差異を強調する差異主義が旧来の性差別の時代に逆戻りさせることを恐れて普遍主義を主張し、パリテ反対の論陣を張りました。これに対して前者の推進派アガサンスキー（ジョスパン首相夫人）は、主権者人民が男女の主権者から構成されていることを考慮して代表を選出すべきであるとして、人民主権［プープル主権］や市民主権の立場にたってパリテ導入を主張したのです。

私見では、可能な限り民意を正確に反映しうる選挙制度が要請されるという「半代表制」論（théorie de la démocratie sumi-représentatif）を援用することで、議会や公職での男女同数を正当化できると考えます。[17]

イタリアの憲法裁判所でも一九九五年に強制型クオータ制に違憲判決がだされるなど、憲法理論上も平等・主権・代表原理をめぐって検討課題が存続しています。

このような論争を経てパリテ法が導入されたことで差異主義が勝利したように見える反面、実際には、推進派の差異主義のフェミニストの間でも（女性の特性論に依拠する）本質主義的差異主義（différencialisme essentialist）と、（文化的・社会的性差を重視する）文化的差異主義（différencialisme culturel ou social）というべき立場に分断していたことはすでに述べたとおりです。

(3)社会的・職業的パリテへの拡大（女性管理職四〇％クオータ制）

雇用面でも、男女給与平等法が二〇〇六年二月に採択されて私企業の取締役会にも二〇％クオータ制を導入する規定が盛られました。しかし、憲法院がこれを違憲と判断したことから、二〇〇八年七月二三日の憲法の大改正によって、前述の男女平等参画促進規定のなかに「職業上および社会的な責任において」という文言が追加され、憲法第一条に移されて、政治のみならず雇用面での男女平等参画促進が憲法上に明示されたのです[18]（本書一一二頁以下パリテ通信第1回参照）。

これにより、現在、パリテは社会経済領域、企業や市民社会にも当てはまる原理となりました。これを具体化するために、二〇一一年にコペ・ジンメルマン法が制定され、常時二五〇人以上の従業員を雇用する企業で、かつ五〇〇〇万ユーロ以上の売上がある企業の取締役会と監査役会に、四〇％の性別クオータの義務を課しました。二〇一一年の法改正によって女性取締役に四〇％クオータ制が導入されたのです。

これらの各方面での取組みの成果として、世界経済フォーラムのジェンダー・ギャップ指数（GGI）では、二〇一四年度に前年の四五位から一六位に急上昇し、二〇一五年度・二〇一九年度には一五位になりました。

その後、マクロン与党の共和国前進のリクサン議員が提出した改正法で、二〇二一年一二月一六日従業員一〇〇〇人以上の企業について、幹部社員に占める女性の割合を二〇三〇年までに四〇％以上にすることを義務付ける法案が可決されました。

今後は、中小企業等での達成を含め、社会全体の変革につなげてゆく構想です。

政治的選挙でのクオータ制を違憲としてきた憲法院も、二〇〇八年七月二三日憲法改正で第一条二項に明示された以上、立法裁量を合憲と解する立場にかわりました。

理論的には、政治分野のパリテ（クオータ違憲論）と経済分野のクオータ合憲論の関係は検討課題ですが、実際には、憲法第一条二項の下で、積極的法改正や政策が実践されていることは、注目すべきです。

⑷男女二元論の限界

近年では、ＬＧＢＴＱ（性的マイノリティ）の存在に対する認識が浸透するにしたがって、パリテの基礎（男女格差を対象とした二元論 dualism）自体が揺らぎ始めています。この男女二元論（binarité femmes-hommes）の克服は、日本の男女共同参画にも共通する世界的な課題です。パリテが基礎を置く男女二元論の克服という課題は、今後トランスジェンダーや同性婚等との関係で、各方面で問題になってくると思われます。

フランス社会では、二〇一三年の同性婚法、同性による親の権限（homoparentalité）や養子の承認に続いて、二〇二一年八月の生命倫理法（loi sur bioéthique）によって、未婚女性の生殖補助医療利用も認め、二〇二二年三月には、家族の氏の変更を容易にする法律（氏の選択に関する法律、本書第3章一三九頁以下参照）も制定されました。男女という性別を超えて、多様性（diversité）の尊重が要請されています。これは、アメリカ合衆国最高裁のグラッター判決（二〇〇四年）で、アファーマティヴ・アクション（ＡＡ）を正当化する理由として、従来の人種差別批判から社会の多様性確保目的に転換したことと軌を一にしています。

フランスでも、パリテ政策が政治・経済・社会分野に定着する過程で、今後どのように理論的課題を克服してゆくかが注目されます。

(5)質のパリテの課題

クオータ制を違憲と判断してきたフランスにおいて、従来の「量的パリテ」の課題にかわる「質的なパリテ（la qualité de〈parité〉）」をいかに確保するかが今後の課題となります。

数のパリテの成果は確かに大きいのですが、詳しく見ると、女性の「サブ」化といわれる現象が認められます。例えば、二〇二〇年の選挙後でも、女性の県議会議長二〇％、地域圏（州）議会議長三一％で、ポストは圧倒的に男性が多く、女性は県議会副議長四九・六％、地域圏副議長四七・九％で、なお、「サブ」のポストに多いようです（本書一一六頁、パリテ通信第2回参照）。

今後は、議長は男性、副議長は女性、という現状をあらためて、県議会議長・市長など要職への参加が必要です。

この意味でも、二〇一四年のパリ市長選挙の際は、五つの政党がすべて女性候補（政党のリストの第一位）を女性にしたことで、五候補の誰がなっても女性になる構図であったことが注目されます。二〇二〇年の時は、イダルゴ市長が再選されましたが、第一回投票で上位三人だった候補者の三人（社会党の現職、アンヌ・イダルゴ市長（六一歳）、二三％だった保守系野党「共和党」のラシダ・ダチ元法相（五四歳）、一七％だった共和国前進のビュザン氏）が、いずれも女性でした。

なお、政治的選挙でのクオータ制を違憲としてきた憲法院も、一九九九年憲法改正以後は二〇〇〇年法も合憲と解し、二〇〇八年七月二三日憲法改正で第一条二項に明示された後も立法裁量を合憲と解する立場です。理論的には、政治分野のパリテ（クオータ違憲論）と経済分野のクオータ合憲論の関係が検討課題になりうるのですが、実際には、憲法第一条二項の下で、積極的に法改正や政策が実践されていることは注目すべきです。

これらの根底には、人権主体論や「個人の尊重」原理の理解、（選挙クオータ制の場合は）「半代表制」や主権の普遍性の問題等があるため、従来の近代人権論・主権論の枠を超えた二一世紀型憲法論の展開が待たれます。

このためにも、筆者が二一世紀初頭に提唱した「ジェンダー憲法学」や「ジェンダー人権論」の役割は、決して小さくないと思われます。ジェンダー平等をめざす新たな人権論やジェンダー平等を基礎とする「市民主権論」の展開が、人権侵害や不当な差別が温存された現代世界の惨状を救うことができるようになることを待ちたいと思います。

日本でも二一世紀初頭からジェンダー法学が進展を見せ、ジェンダー（社会的・文化的性差のみならず性差自体についての観念）の視点から既存の法体系を脱構築する課題を提示してきました。筆者が「ジェンダー憲法学」や「ジェンダー人権論」を提唱した背景には、フェミニズム法学からジェンダー法学への展開がありました。それは単に（フェミニズム法学が女性のための学問であったように）ジェンダー視点から性平等を求める学問という偏狭なものではなく、普遍主義的近代人権論と国民主権論に関する従来の近代憲法学自体の再検討を求めるものでした[19]。

「国民（ナシオン）主権」から「人民（プープル）主権」論をへて「市民主権」論を提唱する問題提起については、本書第5章でもふれることにして、ジェンダー平等に直接関わる論点を示しておくことにします。そこで本章の最後に、ポジティヴ・アクションの用法・種類・正当化理由・限界についてみておきます。諸外国の実例については、別著で検討していますので、参照してください[20]。

5 世界のポジティヴ・アクションの展開

5-1 用法と分類

ポジティヴ・アクションの意味、用法等について、簡単に確認しておきます。二〇一一年に刊行した『ポジティヴ・アクション――「法による平等」の技法』という岩波新書でも概説しました。

（1）用法

アメリカでは、アファーマティヴ・アクション Affirmative Action（ＡＡ）、フランスでは、ディスクリミナシオン・ポジティヴ Discrimination Positive（積極差別）と呼ばれます。

フランスの用法は、ＡＡの訳語として採用されたものです。カルベスという女性憲法学者がアメリカでＡＡを学び、フランス語に訳して二〇〇四年に出版した際にポジティヴ・ディスクリミネーション（ＰＤ）という語（日本語では積極差別）を使ったものです。二〇〇六年にパリでシンポジウムを開催したときも、この言葉についてフランス人の専門家たちの間で多くの反対論がありましたが、その後、定着しました。

これに対して国連では、暫定的特別措置（「男女の事実上の平等・実質的平等促進を目的とする一時的・暫定的な特別措置」）、テンポラリースペシャルメジャーという言いかたをします。

国連の用法の暫定的特別措置（Temporary Special Measures）は女性差別撤廃条約第四条によるものです。条約第四条一では、「締約国が男女の事実上の平等を促進することを目的とする暫定的な特別措置をとることは、この条約に定義する差別と解してはならない。ただし、その結果としていかなる意味においても不平等な又は別個の基準を維持し続けることとなってはならず、これらの措置は、機会及び待遇の平等の目的が達成された時に廃止されなければならない。」と定められています。また、「女子差別撤廃条約第四条一項の暫定的特別措置に関する一般的勧告二五号」が二〇〇四年一月に出されていて、ポジティブ・アクション（ＰＡ）やアファーマティヴ・アクション（ＡＡ）ではなく、この国連の用法を使用するように勧告していますが、各国で異なる用語を用いているのが現状です。

日本では、男女共同参画社会基本法（一九九九年）第二条で「積極的改善措置」として定義され、第三次基本計画などでも推奨され、ポジティヴ・アクションと訳されていますが、なかなか導入が進展しないようにみえます。

（2）意義、正当化理由

アメリカでは、ミシガン大学法科大学院のＡＡに関する二〇〇三年六月二三日グラッター（Grutter）判決以来、意義づけが変化し、黒人に対する過去の差別への救済を目的としてきたのに対して、将来の多様性の確保・社会的効用のために代わってきています。これは日本にも参考になると思われます。すなわち将来に向かって多様性を確保することが正当化理由とされました。

（3）手段

ＰＡの手段にもいろいろありますが、政治分野の男女共同参画のためのクオータ制（割当制）は、厳格な措置です。これについては従来は憲法違反だと判断している国もあり、アメリカでも、プラス・ファクター方式や、ゴール・アンド・タイムテーブル方式、数値目標方式ぐらいが、せいぜい実施されているところです（フランスでは、上述のように、クオータ制に対する違憲判決が出た後で、憲法改正してパリテ法を作りました）。

（4）類型

類型については、下記のように分けられます。

①厳格なPA／AA：クオータ制（割当quota）制、パリテ（parité）、交互名簿方式（zipping）、ツイン方式（twinning）、別立割当制（set-asides）等

②中庸なPA／AA：ゴール・アンド・タイムテーブル方式（time-goals、目標値設定）、プラス要素方式（plus-factorとしてジェンダーを重視）

③穏健なPA／AA：両立支援・生活保護などの支援策、環境整備等

（5）分野

分野については、①政治分野（選挙）、②行政分野（公務員採用・昇進）、③労働分野（採用・昇進・待遇など）、④公契約・租税など、⑤教育（入学、成績評価など）・学術分野（大学教員採用など）、⑥その他（両立支援など）があります（詳細は、辻村前掲『ポジティヴ・アクション――「法による平等」の技法』岩波新書、二〇一一年などをご覧ください）。

5－2　政治分野のクオータ制

政治分野のクオータ制の分類方法も下記のように分けられます。

(A)法的根拠による分類、①憲法　②選挙法　③政党の規約等によるものが分類できます。ほかに、

(B)国政選挙と地方選挙の区別による分類、(C)割当レヴェル（五％から五〇％）による分類、(D)選挙制

図表2－2　政治分野のクオータ制

選挙制度 クオータ制のタイプ	比例代表制 Proportional System 男女交互名簿式等 Candidate Quotas	小選挙区制 （リザーブ型） Reserved Seats
法律による強型 Compulsory Quota	韓国（50%）、フランス上院、ベルギーなど Legislated Quotas	ルワンダ・ウガンダ等のリザーブ制
政党の自発的クオータ制 Non Compulsory Quota	南アフリカ、スウェーデン、ドイツなど Political Party Quotas	イギリス労働党 All women shortlist

（辻村みよ子作成）

度による分類などがあります。

他方で、方式として、

［ｉ型］比例代表選挙制の候補者割当（Candidate Quotas）と［ⅱ型］小選挙区制等の議席割当（Reserved Seats）の方式に分かれます。図表2－2はこれらの分類に沿った関係を示しています。

とくに政治分野では、政治的結社の自由の制約や、男性の立候補権の制約等を問題にする必要があります。最近では、欧米先進諸国だけでなくアジア・アフリカの途上国でのクオータ制導入傾向が著しく、上記のｉ類型に属するクオータ制も、①憲法改正（及び法律）による強制、②法律による強制、という方式を取っています。これに対して、先進諸国では、憲法・法律による強制ではなく、③政党の綱領等による自発的クオータ制という第三のグループが多くなっています。

①憲法改正（及び法律）によるポジティヴ・アクション

このうち、憲法改正（及び法律）によって強制的クオータ制やパリテ［男女同数制］を採用した国に、インド、ウガンンダとフランスがあります。フランスでは、前記のように、通称パリテ法を制定して、複数の議会の選挙制度ごとに強制的な手法をさだめました。とくに拘束名簿式で実施される地方議会選挙では、男女交互名簿式により五〇％クオータ制とも呼べる制度を確立しました。

②法律による強制的クオータ制

法律による強制的クオータ制は、割当対象について国会議員と地方議会議員、また議席と候補者に区別されます。議席の割当（リザーヴ方式）には、タンザニア（国会議員三〇％）、ウガンダ（国会議員二六％）などがあり、国会議員選挙政党候補者名簿の女性割当には、韓国（比例代表選挙の五〇％）、ベルギー（五〇％）、アルゼンチン（四〇％）、ブラジル（三〇％）（数字はいずれも当初のもの）などがあります。

③政党内規による自発的クオータ制

政党による自発的クオータ制（Political Party Quotas）は、北欧諸国・ドイツ・南アフリカ共和国など多くの国で採用されています。とくにスウェーデンでは、一九七〇年代から名簿式比例代表制選挙の女性候補者の割合を四〇-五〇％にする目標が政党内で定められ、男女交互の名簿登載方法により、女性議員率が四〇％を超えてきました。ドイツでも、社民党などで三三％クオータ制、緑の党では交互名簿方式によって五〇％クオータ制が採用されています。

5-3　制約原理

（1）ポジティヴ・アクションの課題

ポジティヴ・アクション（ＰＡ）の実施には理論的に解決すべき課題も多く、憲法学的にも今後の研究課題が残存しています。アメリカやＥＵ諸国ではたえず憲法訴訟が提起されてその合憲性が問われています。確かにＰＡには、クオータ制やプラス・ファクター方式（同じ条件であれば加点する方式）のような実効性の強い特効薬である反面、逆差別や「ガラスの天井」、「スティグマ」（劣性の烙印）などの副作用も持っています。

（2）ポジティヴ・アクションの問題点と展望

ＰＡには種々の形態があるため、その問題点を一律に論じることはできません。しかし、アメリカで、ＡＡを歴史的に形成された差別の積極的是正措置として実施して以来、逆差別とスティグマ（劣性の烙印）の問題が、その限界として今日でも議論されています。とくに、ジェンダーをプラス・ファクターとする特別措置については、ＥＵ指令との適合性が問題となったカランケ、マーシャル、バデック判決等の法理から、能力が同等の場合に自動的に女性を優遇するのではなく、個別の諸条件が考慮されるべきことが求められます。また、比較的穏健なゴール・アンド・タイムテーブル方式については、三〇％などの目標がかえって「ガラスの天井」になるという問題点も指摘されますが、ＰＡが暫定的な特別措置であることを重視することで正当化が可能となるでしょう。

問題なのは、法律等による強制的クオータ制です。そのメリットは上記のような顕著な効果をみれば明らかですが、反面、多くの法的・理論的問題点があり、憲法適合性を含めた理論的検討が必要になります。

5-4　クオータ制の合憲性

イタリア、スイスでは、法律による強制的クオータ制に対して憲法違反の判断が出されています。イタリア憲法裁判所一九九五年九月六-一二日判決は、形式的平等原則違反、政党の結社の自由違反を指摘して、一九九三年の地方選挙法の三三%クオータ制を違憲と判断しました。スイス連邦裁判所一九九七年三月一九日判決も、邦の代表を男女各一名とし、連邦裁判所の女性判事を四〇%とするなどのクオータ制を含むイニシアティヴを連邦憲法第四条二項（性差別禁止）違反と判断しています。その理由は、（i）性の「不釣り合いな」不平等扱い、（ii）PA審査における利益考量の必要性、（iii）能力に関連しない固定的クオータ制の違憲性、（iv）比例原則基準による審査（機会の平等原則違反）、（v）普通・平等（被）選挙権の侵害などであり、EC司法裁判所の判決が援用されていました。

これに対して、フランスでは、すでにみたように（本書八五頁以下）、一九九九年に憲法改正を実施して公職への男女平等参画促進を憲法に明記しましたが、それは憲法院がクオータ制を違憲としたことに起因します。フランス憲法院は、一九八二年一一月一八日に、地方議会選挙候補者について一方の性が七五%以上を占めてはならないとする二五%クオータ制を定める法案を憲法違反と判断し、さらに一九九九年一月に「候補者名簿は、男女候補者間のパリテを確保する」という州議会選挙等に関する法律の規定も違憲と判断していました。

しかし、一九九九年七月の憲法改正によって、両性の政治参画平等を促進することが明示された後は、二〇〇〇年制定のパリテ法の合憲性審査で、憲法院は二〇〇〇年五月三〇日判決で改正憲法の条項に基づいて採用されうる措置であるとして合憲判断を下しています。ただし、厳密にはパリテ原則そのものについて合憲判断を示したわけではありません。そこで、上記のような追加的な憲法改正によって、理論的な課題が解決されたわけではないことに注意が必要となるでしょう。

さらに理論的には、男女交互名簿式を含めクオータ制導入等の法的強制に対して、先にみたようにイタリアの憲法裁判所やスイスの連邦裁判所が形式的平等原則や政党の自由等を根拠として違憲判決を下していることに注目しなければなりません。フランスでは憲法を改正することによって、これらの違憲性を克服しようとしましたが、憲法改正を実現していないイタリア、さらに日本で導入する場合には、当然に、その合憲性が問題となります。

しかしながら、韓国などクオータ制を採用している多くの国では違憲判決はだされていないのです。韓国の憲法裁判所は積極的に違憲判断しているため対応が注目されますが、女性開発基本法第六条が暫定的優待措置に関する規定をおいていることや、対象となる比例代表選挙の定数が全体の二〇%弱にすぎないことなどもあり、韓国政府（女性部）や憲法学会では違憲ではないという見解のようです。

このように、男女共同参画推進という目的を実現するために、広い立法裁量が許容されること、フランス憲法院のような主権の普遍性という議論に対しては、議会の構成を有権者の構成に近接させることで民意の正確な反映を求める「半代表制」や「半直接制」の考え（本書第2章七九・九五頁参照）を援用して、クオータ制を合憲と解することは不可能ではない、と考えられます。

現在、クオータ制を導入している国が延べで一〇〇カ国を超えており、ポジティヴ・アクションの進展も早まっている状態です。

フランスのパリテも、理念はクオータ制とは異なりますが、男女同数の目標が五〇%のことであるとすれば、目指す方向は同じであると言えます。このようなパリテ政策を成功させてきたフランスは、世界のポジティヴ・アクションの展開の中でも、きわめて特徴的な成功事例といえるでしょう。日本との比較やポジティヴ・アクションの検討については第5章に回して、先に、第3章の家族の問題に移ります。

注

1　フランス革命期以降の展開につき、辻村「フランス革命期における女性の権利」成城法学17号（一九八四年）五九頁以下、辻村みよ子＝金城清子『岩波市民講座・人間の歴史を考える⑧、女性の権利の歴史』岩波書店（一九九二年）三〇頁以下、辻村『女性と人権』日本評論社（一九九七年）四二頁以下、辻村『ジェンダーと人権』日本評論社（二〇〇八年）四三頁以下 M.Armogathe,*Histoire du feminism francaise*, t.1,1977,pp.225 et s. を参照されたい。

2　グージュの宣言については、本書巻末資料のほか、第1章二〇頁以下参照。日本にはない写真や資料も含め、ジェンダー法政策研究所のサイト https://www.gelepoc.org のグージュ資料館を参照されたい。近年では複数の高校世界史教科書でグージュの写真や宣言を記述するようになっている。

3　フランス革命は、一七八九年七月から一七九一年憲法制定を経て一七九二年八月一〇日の王権停止までは立憲君主制、一七九二年九月の国民公会召集から一七九三年六月のジロンド派追放と一七九三年憲法制定・一七九四年のロベスピエール失脚・一七九五年憲法制定を経て一八〇四年ナポレオン法典制定までが、共和制であった。

4　辻村前掲注（1）「フランス革命期における女性の権利」成城法学一七号、『ジェンダーと人権』五一、五七頁以下、W. Stephens,*Women of the French*

Revolution, 1922, p. 15, p.236.

5 Olympe de Gouges, "Forme du contrat social de l'homme et de la femme", *Les droits de la femme : A la Reine*, 1791, pp.17 et s. オランプ・ドゥ・グージュ「男女の社会契約の形式」『シモーヌ vol.3』五五‐五九頁（相川千尋訳）参照。

6 辻村みよ子「オランプ・ドゥ・グージュと『女性の権利宣言』——『フェミニスト』と『反革命派』の間」『シモーヌ vol.3』現代書館、二〇二一年一一月、一四‐二二頁掲載。

7 詳細は、辻村前掲注（1）『ジェンダーと人権』七八頁以下参照。

8 日仏女性研究学会編『女性空間四〇号』（二〇二三年）一二頁以下参照。

9 一七九三年憲法については、辻村『フランス革命の憲法原理』日本評論社（一九八九年）（渋沢＝クローデル賞受賞）が詳しい。また、フランス憲法史については、辻村＝糠塚康江『フランス憲法入門』三省堂（二〇一二年）参照。フランス革命史研究の動向は、辻村著作集第一巻『フランス憲法史と立憲主義』信山社（二〇二〇年）第一部、女性の人権の展開については、同第二巻『人権の歴史と人権問題の展開』）を参照されたい。

10 R.Carré de Malberg, *Contribution à la théorie générale del'Etat*, t.1.2, 1920.

11 経過につき、Odile Dhavernas, *Droits des femmes, pouvoir des hommes*, 1978, p.309. アマールの演説は、辻村前掲注（7）、五九‐六〇頁参照。

12 辻村みよ子＝金城清子前掲注（1）『岩波市民講座 人間の歴史を考える⑧ 女性の権利の歴史』七四‐七五頁参照。

13 現行フランス憲法の諸原理や憲法改正による違憲審査制導入などは、辻村＝糠塚前掲注（9）、辻村「フランス共和国」初宿正典＝辻村みよ子編著『新解説世界憲法集（第五版）』三省堂（二〇二〇年）二〇九頁以下、辻村『フランス憲法と現代立憲主義の挑戦』有信堂（二〇一〇年）、辻村前掲注（1）『フランス憲法史と立憲主義』参照。

14 二〇二一年三月五日の国際女性デー記念シンポジウム報告を基にした辻村「パリテ法の意義と課題」日仏女性研究学会編前掲注（8）『女性空間四〇号』一一八‐一三五頁参照。

15　この過程は、糠塚康江『パリテの論理』信山社（二〇〇五年）七七頁以下に詳しい。

16　Olivia Bui-Xuan, *Le Droit Public Français entre Universalisme et Différencialisme*, 2004, pp.255 et s. 辻村『憲法とジェンダー』有斐閣（二〇〇九年）一九八頁［著作集第四巻『憲法とジェンダー法学』三〇一頁］、discrimination positive の問題につき、Miyoko Tsujimura,“Les Paradoxes de la Discrimination positives”, M. Tsujimura et D.Lochak(dir.) *Égalité des sexes: La Discrimination Positive en Question*, La Société de la Législation Comparée, 2006, pp.21 et s. 参照。

17　辻村前掲注（16）『憲法とジェンダー』一九九–二〇四頁［著作集第四巻『憲法とジェンダー法学』三〇二–三〇七頁］参照。

18　フランス憲法改正については、辻村『フランス憲法と現代立憲主義の挑戦』有信堂（二〇一〇年）第Ⅱ章、辻村＝糠塚前掲注（9）『フランス憲法入門』（二〇一二年）参照。

19　実際、二〇〇三年前後に筆者が全国憲法研究会や日本公法学会で行った総会報告のテーマは、「近代人権論批判と憲法学」『憲法問題一三号』（二〇〇二年）、「近代憲法原理の再編と憲法学の課題」『公法研究六五号』（二〇〇三年）であり、主権の変容や人権の多様化等に対応して二一世紀憲法学を展望する大がかりな試論であった。これらの論稿は、辻村著作集第二巻『人権の歴史と理論』信山社（二〇二一年）一二三–二三五頁、同第三巻『国民主権と選挙権』（二〇二一）年一〇四–一二六頁に所収。

20　辻村『ポジティヴ・アクション』岩波新書（二〇一一年）、データを更新したものとして、辻村著作集第六巻『比較憲法の課題』信山社（二〇二三年）二一九頁以下参照。ほかに、辻村＝糠塚康江＝谷田川知恵『概説ジェンダーと人権』信山社（二〇二一年）五二一–五四、二九四–二九六頁参照。

パリテ通信　第1回

企業トップへのパリテ導入から一〇年

パリテ（男女同数制）は、フランスでは明示的な憲法上の根拠をもって実施されている。ただし、憲法を根拠とするからといって選挙で選ばれる公職など公権力の行使に携わる人々にだけに関係するわけではない点に重要性がある。仏憲法典一条二項では、公職だけでなく、「職業的あるいは社会的な要職」への男女の平等な就任を促すことを法律の役割として定めている。つまり、現在パリテは社会経済領域、企業や市民社会にも当てはまる原理なのである（ただし裁判所が、パリテを限定的に「例外」ととらえる傾向があることは、第6回を参照）。

　このようなパリテの性格を具体化したのが、二〇一一年にできたコペ・ジンメルマン法である。現在の仏商法典は、常時二五〇人以上の従業員を雇用する企業で、かつ五〇〇〇万ユーロ以上の売上がある企業の取締役会と監査役会に、四〇％の性別クオータの義務を課している。これに反する任命は無効である（商法典二二五－一八－一条）。

　そしてコペ・ジンメルマン法の採択から一〇年を経た二〇二一年一月、同法の施行状況を総括する文書が、「女男平等高等評議会」（Haut Conseil d'Egalité entre les femmes et les hommes、以下「ＨＣＥ」）から発表された。[1]

　ＨＣＥとは、国家の独立した諮問機関であり、二〇一三年に現在の形態で設置された。女性の権利と平等に関する政策について、市民社会との協議を行い、議論を活性化することを任務とする。女男平等政策について、法律の影響評価、平等に関する分析の収集と拡散、首相への勧告や答申を行っている。

　今回は、この「コペ・ジンメルマン法から一〇年」のＨＣＥによるレビューを紹介する。

大企業では成功、フォローアップが課題

　まず、大企業では法定クオータが十分に尊重されているという結果が出ている。ユーロネクスト・パリの上場企業で時価総額上位の四〇企業（ＣＡＣ40）では、取締役会構成員の四五％が女性と良好な結果が出ている。これは欧州でもトップの率である。この数値が二〇〇九年

には一〇%であったことを考えると、クオータの導入以降、急激に改善されたことが分かる。

他方で、割り当ての義務があっても、情報公開が十分でなく監視が及ばない企業では、法律は守られていない。株価指数上位一二〇に入らない企業での女性取締役の率は、三四・一%である。従業員数五〇〇人以上かつ売上高五〇〇〇万ユーロ以上の企業でも、非上場の企業では、女性取締役の率は二三・八%、従業員数二五〇人以下の企業となると調査すら存在しないという。

また取締役会長のほとんどは男性で、クオータのない執行役会や運営委員会での女性の率は二割程度まで下がってしまう（それでも一〇年前の七%よりは上昇しているが）。株価指数上位一二〇企業では、女性の代表取締役会長三人、代表取締役一〇人、会長七人が誕生した。CAC40では、女性の代表取締役一人、会長二人を輩出している。

こうした結果からHCEは、間違いなく進歩はあったものの、パリテは依然企業の実践には根付いていないと結論した。そして従業員数要件の撤廃、経営の中枢に関わる運営委員会や執行役会への義務的クオータの拡大、監視強化などを提案するのである。

正義の要請か、企業パフォーマンス上のメリットか？

さてHCEは、「企業統治に関わるポストでのパリテは、正義の要請であり、正当化の必要性はない」と断言している。しかしこうした認識は、日本では一般に広く受け入れられているとは全く言えない状況ではないだろうか。日本では、何らかの公的な性格を持つ集まりが、男性によって占められていることに多くの人が慣れており、男性しかいない空間で重要な決定がなされることに違和感を覚えることすらないのが通常である。かくいう筆者自身が日本で暮らしていた時はその体たらくであったのだが、現在は日本の組織と欧州の国の組織を見比べる機会が増えたおかげで、ようやく日本の〝異様さ〟を感知するセンサーが働くようになったのだ。

憲法典に書いてある以上、フランスではパリテを実施する法律を作る理由を説明する必要はない。しかしHCEは、パリテとは「深い社会変革の道具」であるとも位置付けており、単なるクオータの押し付けにとどまらないということも強調している。それはどのような意味だろうか。企業のパフォーマンスとパリテの関係は、分かりやすい例である。

HCEは、企業のトップ組織の中の多様性と業績の間に密接なプラスの関係があるとする研究のほか、「ミクロ経済レベルでは、女性リーダーの存在と企業の業績の間には、強いプラスの関係が常にある」とした調査の存在に言及している。さらに「多様性は、道徳的要請以上の問題」であり、「どんな組織にとってもパフォーマンス、イノベーション、効率性を上げる強力な梃になる」とした著名な男性経営者の発言を紹介している。

より慎重な研究もある。そこでは、取締役会での女性の存在と業績の関係は、ほとんど確認できない。しかしそのような研究でも、人的資本としてのジェンダーの差異が、経営に良い影響を与える可能性が示唆される。「女性が責任ある地位にあることと業績の関係を厳密に証明することは難しい」としても、社会的な意味でのパフォーマンスの向上や、暗黙の了解のシステムを断ち切るイノベーション、アウトサイダーの存在による影響が起きているという。「公平さの追求がパリテを正当化する第一の理由には違いないが、企業パフォーマンスという観点の正当化も十分に可能」であるとされるのである。

またHCEは、組織の管理体制の近代化・専門化をパリテ導入の否定できない効果として挙げている。必要な能力の厳密な特定、手続きの透明性、才能の発掘と育成、ジェンダーバイアスの特定と無効化が求められるからである。パリテの重要性は、数値やクオータの強制ではなく、組織の構造を問い直し、イノベーションに道を開くことにあると結論される。

おわりに

仏でも現実には道半ばであり、エリート女性を超える明確な影響は見出しがたい。反対に、パリテを廃止しようというバックラッシュの動きもない。しかし重要な決定をなされる場が男性に独占されている状況は「普通ではない」という認識は、フランスでは普通になりつつある。何より次世代に与えるエンパワメント効果は、数値として現れるものではないが絶大であり、より深いレベルで社会の変化を進行させるのではないだろうか。

注

1　https://www.haut-conseil-egalite.gouv.fr/IMG/pdf/livret_-_10_ans_loi_cope-zimmermann.pdf

（二〇二一年六月一八日脱稿）

パリテ通信　第2回

政治のパリテ

二〇二一年、日本では、以前から施行されていた「候補者男女均等法」（正式名称：政治分野における男女共同参画の推進に関する法律）の改正法が成立した。この法律は、公職選挙での女性と男性の候補者を半数ずつにするように政党や政治団体に求める法律である。

モデルになったのはフランスのパリテ法だが、強制性のあるフランス法とは異なって、日本法の男女同数の候補者擁立は努力義務にとどまり、ペナルティはない。今回の改正でもこの点に変化はなかった。この分野での日本の著しい停滞を考えると、女性と男性の候補者の同数擁立を罰則付きで義務付けることも、引き続き真剣に考えられるべきであろう。

ただ、この点モデルとなっているフランスでも一足飛びに男女同数状態が現実化したわけではない。二〇〇〇年に政治領域でのパリテを導入して以来、度重なる法改正により、その及ぶ範囲や実効性を高めてきた。今回は、その現状を確認してみたい。選挙制度との関係も重要なポイントである（本書九一頁図表2-1）。

比例代表制での実績——男女交互の名簿登載は即効性あり

導入以来、パリテは社会・経済領域の決定審級を貫くべき原則としても拡大してきたが（第1回参照）、もちろん原点は政治領域でのパリテである。その方式は対象となる選挙制度によって異なっている。

現在、比例代表で行われる選挙では、厳密な男女同数候補の名簿登載が義務付けられている。候補者が同数となるだけではなく、男女の候補者が交互に記載されることも義務である。これらの要件を満たさない名簿は無効であり受理されない。ほぼ同数の女性と男性の候補者が確保され、男性が名簿上位を独占することもできないので、その効力は非常に大きくなる。これを書いている二〇二一年時点、比例代表で選挙される職は、基礎自治体であるコミューン（市町村）の議会、地域圏議会、欧州議会の議員と国会の上院にあたる元老院の議員の一部であるが、これらでのパリテへの接近率は良好である（次頁図表1）。

中でも模範的とされるのは欧州議会である。例えば二

図表1　女性議員割合の推移

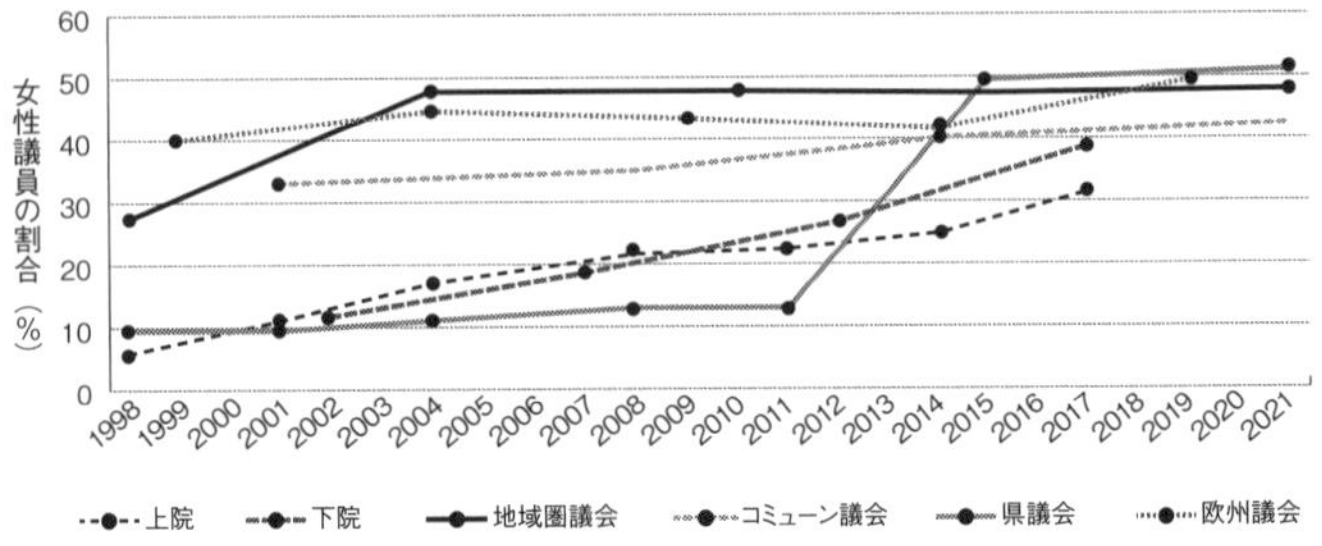

下院女性議員比率 25.8%（2017 年 1 月現在、193 カ国中 63 位）
→39.5%（2021 年 1 月 1 日現在、193 カ国中 27 位）
GGI　57 位（50%2012 年）→12 位（2018 年）→15 位（2020 年）
マクロン政権下閣僚 50%

Insee、Collectivités locales、欧州議会のデータを元に齊藤作成

〇一九年の選挙で選出された七九人の仏選出議員のうち、女性は三九人、男性は四〇人で、ほぼ同数の効果が達成されている。

二〇〇三年の法改正から厳密な名簿の交互登載が義務付けられた地域圏（県と国の中間に位置する地方公共団体）の議会でも、女性の割合は四八・六％とパリテがほぼ実現している。

次は、コミューンである。当初、女男交互登載義務は人口三五〇〇人以上のコミューンに限定されていたが、二〇一四年からは人口一〇〇〇人以上のコミューンにもこの義務が拡大した。この結果、コミューン議会に占める女性議員の割合も三三％（二〇〇一年）から四二・四％（二〇二〇年）にまで上昇している（図表1）。

女性の「サブ」化

他方、全コミューンの七四％を占める人口一〇〇〇人未満のコミューンについては、現在でもパリテは法的に強制されていない。二〇二〇年の選挙後、これらの小規模なコミューンでの女性議員の割合は三七・六％にとどまっている。

また全体を通じて女性首長は少ない。二〇二〇年の選

図表２

		直近の選挙後の女性割合（％）
県議会	会長	20.2
	副会長	49.6
	その他議員	51.1
地域圏議会	会長	31.6
	副会長	47.9
	他の議員	48.9
コミューン議会	コミューンの長	19.8
	助役	40.6
	他の議員	45.1

挙後でも女性のコミューン長は二〇％弱、女性の県議会長は二〇％、女性の地域圏議会長については三一・六％となっている（図表２）。名簿式選挙で男女交互登載が義務であっても、トップの職に就く名簿一位の候補者が結局男性であることが多いことも原因である。逆に、助役や副会長といった「サブ」ポジションとなると、数値は一気にパリテに近づく。このように総数が増えても、女性が「サブカテゴリー」となる問題は執拗に残っている。

パリテの「死角」——小選挙区制

より問題含みなのは、多数代表制で選出される国会議員である。多数代表とは、多数の支持を獲得した候補者のみを当選させる制度で、定数一の小選挙区制や大統領選挙がよい例である。フランスの下院にあたる国民議会選挙は、小選挙区制をとる。ここでは先に見たような女男同数の候補者を擁立しないと立候補を受け付けない、というような自動的に実効性を確保する仕組みはとられていない。候補者数に占める男女の開きが全候補者数の二％を超えたときから、その開きに応じて公的助成金を減額するという方式が選ばれている。

このように直接の強制力はないが、一九九七年に一〇・九％であった女性の下院議員の数は、二〇一七年の選挙後三八・八％に達した。この数値は過去最高で、二〇年間で倍増した計算となる。しかし、パリテを実現したとも言い難く、比例代表制でのパリテとの効果の差異は明らかである。

パリテよりペナルティを選んだ主要政党

実のところ主要政党は、男女同数候補を立てるよりも、この一種の「罰金」を払うことを明らかに選んできた。二〇一二年、下院選挙での女性候補者の割合は全体の四〇%である。パリテ導入時の与党であった社会党ですら、この時の女性候補者の割合は四二・六%、保守の共和党に至っては二五・五%であった。[1] このような状況を背景に二〇一四年の法改正で、減額率は倍増された。二〇一七年の選挙の後、共和党が二〇一八年に減額された補助金の額は年間一八〇万ユーロで、これは任期満了までの五年間で計算するとなんと九〇〇万ユーロ(約一二億六〇〇〇万円)にも上る。党にとって看過できない金額となったのであろう。党執行部が、地方組織の幹部に対して二〇二二年の下院選挙では男女候補者を同数擁立するように要請したことが報じられている。[2(*)]

上院では比例代表の拡大がカギに

上院では、二〇一七年選挙後も女性議員の割合は、三二・一%と高くない。二〇一四年の選挙後は二五%であったので、やはり増加はしている。上院の選挙制度は特殊だが、単純化して言うと、定数三以上の選挙区では比例代表制、それを下回る選挙区では定数一あるいは二の多数代表制がとられている。この定数二以下の選挙区でパリテを義務付ける規制は何もない。その結果、二〇一七年の選挙でこれら選挙区の候補者に女性が占める割合は五人に一人と非常に低くなった。[3]

比例代表選出分については、地方選挙同様の厳格なパリテが課される。このためパリテの進展は比例代表部分に依存することになる。二〇一三年には比例代表が適用される選挙区を拡大する法改正が行われており、女性上院議員の増加に貢献した。

ペア立候補方式も有効

ただし多数代表の選挙制度でも、パリテが実現できないわけではない。遅れてパリテの適用対象となった県議会議員選挙の選挙制度は比例代表ではなく、多数代表である。しかし女性と男性のペアでの立候補が義務付けられているため、比例代表をとらなくとも実効性ある結果が示されている。二〇一一年には一三・八%だった女性議員の割合は、この厳格なパリテの導入を境に、二〇一五年以降五〇％を達成し続けている。

おわりに

日本の候補者均等法に比べると、最初からある程度の強制力を持って出発した本家フランスのパリテだが、実効的な強制性がなければ前進が難しいこと、選挙制度に即した漸進的な改良が必要であることもまた示されている。比例代表制はパリテになじみ易く、日本でも比較的実現しやすいのではないだろうか。他方で、女性候補者にとっては元々ハードルの高い小選挙区でどのように実効性を確保するのか、女性の「サブ」化の問題が執拗に残り続けていることをどう解決するか、など様々な課題を意識させるものとなっている。

【参考文献】

糠塚康江『パリテの論理』（信山社、二〇〇五年）
同『現代代表制と民主主義』（日本評論社、二〇一〇年）第四章
同「候補者男女均等法の今後の展開——フランスにおけるパリテの経験から」国際女性三二（二〇一八）

注

1 https://www.haut-conseil-egalite.gouv.fr/IMG/png/tableau_retenues_sur_les_dotations.png
2 https://www.elle.fr/Societe/News/Elues-les-Republicains-avancent-vers-la-parite-a-tous-petits-pas-3905093
3 https://www.haut-conseil-egalite.gouv.fr/IMG/pdf/hce_avis_parite_elections_senatoriales_v2.pdf p.3

（二〇二一年九月二〇日脱稿）

（＊）二〇二二年の下院選挙でも、結局目立った改善はなく、共和党が擁立する女性候補者の割合は三〇％にとどまった。下院全体でもパリテがわずかに後退している。

パリテ通信　第3回

三〇年ぶり二人目の女性首相とパリテ

二〇二二年八月、日本では内閣改造が行われ、第二次岸田内閣が発足した。首相を含む二〇人の閣僚のうち、女性はわずか二人。割合にすると一〇%と、パリテはおろか、二〇二〇年代にできるだけ早く「指導的地位」にある女性の割合を三〇%まで引き上げるという、第五次男女共同参画基本計画（二〇二〇年）に掲げた中間的な目標にもまったく及ばない結果となった。さらに男女平等を実現不能の妄想だと言い、性的マイノリティの権利保障に敵対的な女性政治家が総務大臣政務官に就いた。この人事は、指導的立場にある女性の数の増加に僅かに貢献するだろうが、自民党は男女平等やジェンダーの問題にまともに取り組むつもりがないのだろうと疑わせるに十分である。

フランス新内閣のパリテ事情

六月に総選挙を経たフランスでも、七月に内閣改造が行われ、五月に史上二人目の女性首相となったエリザベト・ボルヌの続投が決まった。首相を含めた政府を構成するメンバー四二人中二一人が女性であり、パリテは数値の上で完全に尊重されている。法的義務ではないようだが、二〇一三年に就任した社会党のオランド大統領以降、政府メンバーのパリテはほぼ完全に尊重されており、これ自体新しいことではない。

しかし、ここにはごまかしがある。実質的な権力の配分は、男性に偏っているのである。ここでいう「閣僚数」の分母は、大臣ばかりではなく、特定の大臣の指揮下で、特定の分野を担当する特命大臣や大臣補佐も含んだ数である。これらの特命大臣や大臣補佐を除いた数でみると、首相を含めた女性閣僚は一七人中六人にとどまる。また大臣ポストでも、レガリアン（Régalien）と呼ばれる王権に起源を有する最重量級の五ポスト、つまり国防、内務、司法、外交、財務となると、女性はカトリーヌ・コロナ外相一人だけとなる。女性閣僚は、一〇人中九人と大臣補佐ポストに集中している。

というわけで、このように分解して見ていくと、実質的な権力配分にはまだまだ大きな不均衡が課題として残っているのである。とはいえ、史上二人目の女性首相が誕生した意義を見逃すわけにはいかない。今回はこの話を中心にしよう。

三〇年ぶり二人目の女性首相の誕生

マクロン大統領は、四月に再選されたものの、その支持基盤の脆弱性は相変わらずである。決選投票の相手が極右のマリーヌ・ルペン候補であったため、左派の「反極右」票の恩恵を受けての再選であった。こうした事情から、同大統領は、左派寄りかつ女性の首相人事を望んだ。こうした基準に合ったのが複数の社会党大物政治家の側近であったエリザベト・ボルヌであった。こうして、二〇二二年五月に三〇年ぶり史上二人目の女性首相が誕生する。

しかしマクロン大統領率いる大統領与党は、六月の下院選挙で改めてその足腰の弱さを露呈。単独過半数を維持できず、ボルヌ首相も微妙な立場に置かれることになる。

ひどかった初代女性首相への性差別的攻撃

ミッテラン政権下の一九九一年、初の女性首相となったエディット・クレッソンは、昨年テレビ出演し、当時考えられないような性差別的攻撃に遭ったことを明かしている。[1] クレッソン氏は、首相就任前には農相を務めていた。主要農業組合の代表者には、「農相ポストに女性を任命するとは、ミッテラン大統領は農業を軽視している」と言われ、この組合の横断幕に「エディット、君には大臣としてよりもベッドでの活躍に期待している」などと書かれたこともあったという。

首相になってからも、野党政治家によって、ルイ一五世の愛人として政治に影響を与えた「ポンパドール夫人」に例えられたこともあった。クレッソン首相は、辞任するまでの一一カ月間、女性であることに結びつけて能力を疑問視する性差別的な攻撃を絶えず浴びせられる。以降、女性を首相に任命することは、一種のリスクのように考えられ、オランド大統領の下でも女性首相は誕生しなかった。

姿を変えて残るミソジニー、しかし環境は変化

ボルヌ氏は、一九六一年パリ生まれ。レジスタンス活動家の父は、強制収容所から生還したが、彼女が一一歳の時に自ら命を絶ち、シングルマザーとなった母親に育てられた。理工系の最高峰の高等教育機関である理工科

学校などを経て官僚となり、マクロン大統領の下では、運輸相と労相を務めた経歴を有する。

五月に首相に就任するが、六月の下院選での大統領与党の敗北をきっかけに、彼女を追い落とそうとする動きが当然活発化する。続投はすんなりとは決まっていない。首相は、ルモンド紙のインタビューの中で、批判があるのは当然のことで、特に首相の地位にこだわっていたわけでもないが、この間「あまりに事実をゆがめた性差別的な批判もあったので、自分の存在を示したい欲求があった」と答えている。[2]

地味で面白みのない「ガリ勉」テクノクラートのイメージが強く、攻撃は頻繁にこの点に向けられた。「十分に政治的でない」「味気ない」「適任でない」などと言って、ボルヌが上司の指示を実施するだけの「役人」であるとの攻撃が全方位から浴びせられた。実際には、ボルヌ首相には、フランス国鉄との困難な交渉を行った実績などがあるそうだ。首相は、十分な経験があるにもかかわらず、政治的タフさのないテクノクラート扱いをされること自体に性差別性を見ており、雑誌のインタビューで「人類の半分を競争から退けることは、いまだに男性の利益にかなうのだろう」と政界のマチスモを指摘している。[3]

ところでクレッソン元首相は、先に紹介した下品な性差別的攻撃にエスプリの効いた素晴らしい反論を返している。[4] それは大変見事であったが、そのようなやり方で反論しなければならなかった時代背景も感じざるを得ない。

ボルヌ首相は少なくとも今日、そのような迂回を経ずに性差別的攻撃を真正面から不当なものとして批判することができる環境にある。パリテの前と後ではフランスの政治風土は異なるものになったということだろう。

第一次政権の時、複数の女性が、アバド連帯相から性暴力を受けたと訴え出た。マクロン大統領の周辺が同相の更迭に慎重で進退問題が長引く中、同相の再任を阻止したのは、ボルヌ首相だという。

すべての少女に捧げるオマージュ

夏季休暇があけるとフランスは再び政治の季節となる。物価高騰対策、雇用保険改革、年金改革など紛糾必至の課題も待ち構えている。単独過半数もなく、連立パートナーもおらず、国会運営では困難が予想される。重要ポストにある男性閣僚が首相を軽視しており、統制が難しいという噂もある。政権が短命に終わる可能性も大いにあるだろう(*)。

五月の就任式では、自身の首相への任命を「すべての少女に捧げる」として、「自分の夢を最後まで追い続けるよう」彼女たちに促した首相。賃金の平等だけでなく、若い女性が科学技術分野に進むことや責任ある地位に就くことを重要と考えており、クオータ制の拡大にも前向きの考えを持っている。さらに次世代を鼓舞する実績を残せるか、注目している。

注

1 二〇二二年五月二一日 France 5 の番組 C'est à vous

2 ルモンド 二〇二二年八月九日

3 Elisabeth Borne : « Ça reste dans l'intérêt des hommes d'écarter la moitié de l'humanité » Elle(オンライン版), le 6 juillet 2022

4 当時のミッテラン大統領にとってのポンパドール夫人にたとえられたことに対しては、「(その発言をした議員は)知らないかもしれないけれど、ポンパドール夫人と違って自分は選挙で選ばれている。確かに、私は有権者の『お気に入り』(favorite、「寵姫」の意味もある)ですよ」と皮肉たっぷりに反論したという。農業組合の下品な横断幕には、「私が農業大臣でちょうどよかった。豚の相手をするように、あなた方についても面倒を見てやりましょう」と返した。「豚」は、不潔な人のメタファーで性的なニュアンスがある。この横断幕を掲げた側は、この返しが気に入らず、クレッソン氏が攻撃的過ぎると非難したというから呆れる。

（二〇二二年八月一七日脱稿）

(*) 校了時二〇二三年三月二八日現在、ボルヌ首相は不人気な年金改革を強行突破で断行することを選び、批判の矢面に立たされている。首相の進退は予断を許さない状況にある。

第3章　フランスの家族論と社会の変容

本章では、フランス革命期の家族論から始めて最近の動向までの過程（一九九九年パクスから二〇一三年同性婚法、二〇二一年生命倫理法改正まで）を明らかにし、生殖補助医療とhomoparentalitéをめぐる課題や「氏の選択」に関する二〇二二年法などを検討します。これを踏まえて、第4章で、日本の家族法の問題（夫婦別姓訴訟、同性婚訴訟）について考えることにします。

1　フランス革命期の家族論と展開

(1)　家族の位置づけ

フランスでは、一八世紀末の大革命期に同業組合など前近代の封建的諸団体（中間団体）が排除され、国家と個人の二極対立構造が創出された、と解されてきましたが、実際には家族という中間団体は国民国家の基本単位として残存し、国家のなかで重要な位置を占めました。フランス革命期にはアンシャンレジーム下の家族制度が崩壊し、自由・平等とともに世俗性（laïcité）が、新たな家族法の基本原理となりました。

また、フェミニストたちが批判したように、フランス人権宣言などが個人の自由・平等を確立したはずだったにもかかわらず、その近代個人主義人権論の本質は、家族の外に対する自由・平等にとどまって、内では不平等を内包して家長個人主義にすぎなかったという限界を持っていました[1]。

実際、人権宣言には、すべての人は自由・平等で、市民の権利が保障されていることになっていましたが、その内実は白人・ブルジョア・男性の権利に過ぎなかったのです。このことを、最初に批判したのがグージュという人で、すでに第1章、第2章でみてきたとおりです。

(2) オランプ・ドゥ・グージュの家族論[2]

グージュの「女性の権利」宣言でとくに有名なのは、精神的自由に関する第一〇―一一条であることはすでに述べました。たしかに彼女は「女性は、処刑台にのぼる権利をもつ。同時に女性は、……演壇にのぼる権利をもたなければならない」と述べて、女性の政治参画の権利を要求していました。しかし、グージュは、一七九三年の恐怖政治のときに、ロベスピエールなどを批判し、共和制にするか君主制にするか国民投票で決めよう、という主張をしたために、反革命容疑で逮捕され、一七九三年一一月三日にギロチンにかけられてしまいます。

それはグージュが女性の参政権などを要求したことが直接の原因ではなかったのですが、彼女の作品を読んでみると、単に男性の権利を女性にも与えよというリベラル・フェミニズムの主張をしたのではなく、子どもがどのベッドから生まれようとも平等であるという婚外子の平等や財産権等の権利が要求されていました。結婚していると否とにかかわらず女性には所有権がある、など、いわばラディカル・フェミニズムの先取りのような議論がありますので、まだまだ研究の余地がある人物です。

とくに「思想および意見の自由な伝達は、女性の最も貴重な権利の一つである。それは、この自由が、子どもと父親の嫡出関係を確保するからである」とのべて、女性にとっての表現の自由は、子の父親を明らかにする権利が含まれることなどが示されていた点も興味深いです。子の父親を明らかにする権利については、婚外子とその母親たる女性の法的救済を要求し、ひいては性の自由の保障を要求するものとして注目されます。

また第2章（六三–六四頁）でもふれたように、「女性の諸権利」と題する小冊子に付された「男女の社会契約の形式」[3]のなかで、夫婦財産の共有を基調とする夫婦財産契約の締結を主張していることも注目されます。ここでは、男女が自由意志のみに基づいて一定期間、下記の条件のもとで契約して同居するという社会契約の内容が定められており、①二人の財産を共有にすること。②財産を分与する権利を留保すること。③子どもがどのベッドから生まれたものであっても、二人の財産が直接こどもに属することを互いに了承すること。④離婚の場合、財産を分与させ、子どもの取り分を、法律によって、天引きで差し引き徴収することなど、ほかにも寡婦や男性の犠牲になった女性たちへの手当ての保障などを提案しており、現代の社会保障やドメスティック・ヴァイオレンス（ＤＶ）の問題をも射程にいれていたと解することも不可能ではありません。

そのため、従来は、オランプ・ドゥ・グージュを男性と同等の権利を女性にも与えさせるという意味での女性の権利拡張思想（リベラル・フェミニズムないしブルジョア・フェミニズム）の第一波フェミニズムとして捉えてきたことに対して見直しが必要と考えます。グージュは、公私二元論の枠内での公的権利（表現の自由や、参政権など）を主張するだけでなく、私的な生活面での男女の権利関係についても明らかにしていたことから、第二波フェミニズムのなかのラディカル・フェミニズムの先駆ともいうべき視点をもっていたと理解することができるでしょう。

（3）フランスの民事身分の法制化とナポレオン法典

フランスの最初の成文憲法である一七九一年憲法が民事身分に関する法制化を明記したのち、一七九二年九月二〇日のデクレにより婚姻の儀式が聖職者から取り上げられ「婚姻の世俗化」が実現しました。一七九二年九月二二日には離婚等の手続きを含めた家族関係を定めるデクレや法律が制定されて、夫婦間の平等や協議離婚の自由が確立されました。

しかしこれらの規定は、テルミドール政変（一七九四年七月）を経た革命後期の一七九四–九五年に廃止されました。そして、一八〇四年制定のナポレオン民法典では、「夫は妻に対する保護を与えなければならず、妻は夫に対して従属しなければならない（同二一三条）」、「妻は自己の家族の後見から離れると同時に夫の後見に服する」とされ、夫の同意がなければ裁判への出頭、債務の負担等の行為もなしえないとされていました（同二一五–二一七条）。妻は夫の後見の下におかれ、固有財産の処分権や夫婦共有財産の管理権を否認されたのです。

貞操義務や離婚要件にも明白な不平等が存在し、夫は妻の不貞を理由に離婚請求できた（同二二〇条）のに対して、妻のほうは、夫が相手の女性を夫婦の共同生活に引き入れない限り離婚の訴えを提起できないと定めていました（同二三〇条）。こうして、妻の無能力と夫権への従属、貞操義務等の不平等を内容とする規定が確立されました。

また、刑法典では、妻の姦通は検察官の請求で懲役刑を課せられたのに対して、夫の姦通は原則として不可罰、夫婦の住居に女性をひきいれた場合のみ罰金が課せられました。

このような不平等を内包した近代家族制度が一八〇四年のナポレオン民法典によって世界的に定着し、二〇世紀まで影響を与えました。フランスで夫権が廃止されて妻が自己の固有財産の処分権を得るのは一九三八年、自由意思による協議離婚が認められるのが一九七〇年代のことです。

さらに資本制の進展によって、女性は、性支配と階級支配の二重のくびきの下におかれました。家族の問題を私的領域に押しこめたことで、女性の隷従が固定化し、隠蔽されたことは、フェミニズムが批判したとおりです。このように、フェミニズムからの公私二元論批判は、女性が多く家事やケアなどの役割を担い、男性が公的な役割を担うという旧来の性別役割分業論に対する批判をこえて、近代家族の本質（近代家父長制のもとで女性が性支配をうけ、内なる差別が内包されていた特質）を明らかにするものでした。

（4）現代家族から二一世紀家族へ

近代に確立された家父長制の本質は基本的に変わらず、女性が、資本制と家父長制の二重の拘束の下におかれる構造が維持されました。しかし二〇世紀後半以降、現代憲法のもとで国家による家族の保護と男女平等が確立され、個人主義化傾向が進展するに従って、家族の公化・憲法化と家族の解体（私化・個人化の徹底）という二つの局面が出現し、しだいに家族の変質がおこりました。

フランス革命後は、王政復古に伴ってカトリック教が革命前に逆戻りして国教になり、一八一六年五月の法律によって、一八八四年まで離婚が禁止されるなどの反動期を経験しました。ただし、第二共和国の一八四八年憲法では、第四条で「共和国は、自由・平等・博愛をその原理とする。その基礎には、家族、労働、所有、公的秩序をおく」のように家族に言及され、家族が共和国の基礎であることが示されました。ここでは家族は共和国の連帯のための統合装置の意義を担ったといえます。

一九世紀後半の第三共和制期になると、一八八四年七月二七日の離婚法によって裁判離婚が認められたのち、一九〇五年一二月九日の政教分離法によって、従来のカトリック中心の公認宗教の制度が廃止されました。

しかし第三共和制末期の一九四〇年六月には、ドイツ軍がフランスに侵攻してフランスが敗れ、フィリップ・ペタン元帥が国家元首になった時期がありました。このヴィシー政権では、共和国の語にかえて「フランス国」、「自由・平等・友愛」にかえて「労働、家族、祖国」のスローガンが掲げられ、出生率向上の要請とあいまって家族の血族的団結が求められました。ここでは、家族が、国民統合の重要な機能を果たすことが明らかにされました。

一九四四年の解放後、一九四五年一〇月に、女性を含む普通選挙によって共産党・社会党・人民共和運動（ＭＲＰ）による「三党政治」が開始され、一九四六年一〇月に二度目の人民投票で一九四六年憲法（第四共和国憲法）が成立しました。

その前文では、現代憲法の証として、社会権が保障され、そこでは、健康、安全、余暇や休息に対する国家の保護規定が置かれ、「国は、個人および家族に対して、それらの発展に必要な条件を確保する。国は、すべての人に対して、とりわけ子ども、母親、および高齢の労働者に対して、健康の保護、物質的な安全、休息および余暇を保障する（以下略）」と定められました。

（5）第五共和制憲法下の家族像と婚姻の自由[4]

一九五八年制定の現行第五共和制憲法では、家族に関する規定はありませんが、前文で一七八九年宣言と一九四六年憲法前文を援用したことから、これらも現行憲法規範として存在しています。憲法運用の場面では、一九七〇年代以降、憲法院が憲法裁判所として人権保障機能を重視してきたことから、家族についても憲法判例が蓄積されました。すでにみた欧州人権条約第八条の家族生活に関する権利や欧州基本権憲章との関係でも、国内法との整合性を保つための法改正が繰り返され、フランスにおける「家族法の憲法化（Constitutionnalisation du droit de la famille）」現象が認められました。

一九七〇年代以降の家族法改正には目を見張るものがあります。下記に一覧を掲げます。

一九七一年七月四日　親権に関する法律（父権の廃止、父母の親権行使承認）
一九七二年一月三日　親子関係に関する法律（嫡出子と自然死の区別の廃止）
一九七五年一月一七日　人工妊娠中絶法（ヴェイユ法）
一九七五年七月一一日　離婚に関する法律（相互同意離婚・破綻離婚・有責離婚）
一九八五年一二月二三日　夫婦財産制に関する法律（夫婦平等の権利行使）
一九八七年七月二二日　親権行使に関する法律（父母親権行使の事実婚への拡大）

一九九三年一月八日　共同親権等に関する法律（共同親権の一般原則化等）
一九九三年八月一三日　憲法院判決「正常な家族生活の権利」
一九九四年七月二九日　生命倫理三法制定

フランス憲法院は、外国人の地位に関する一九九三年八月一三日の判決で、すべての人間は「正常な家庭生活の権利（droit à une vie familiale normale）」があることを指摘し、一九四六年憲法前文から、フランスの住居が安定的で適法であるような外国人には、国民と同様に正常な家族生活を営む権利をもつことを導きました。この権利には、外国人が、自己の配偶者や未成年の子どもを連れてくる権能、家族全体が再結集する権利が含まれます。憲法院は、家族は、節度のある妥当な（décent）環境で居住する「住居の権利」を承認しました。

その後、国連の児童の権利条約や欧州人権条約等の影響も受けて、同棲（ユニオン・リーブル）のカップルを婚姻したカップルと同様に扱うようになり、婚外子比率が高まって[5]、法律上、嫡出子（enfants légitimes）と自然子（enfants naturels：婚外子）を区別することに対する批判も強まりました。さらに、同性間の事実婚がふえたことで、婚姻外のカップルに対する法的保護を求める声が強まりました。

2　一九九九年パクス法の成立[6]

パクス法制定と合憲判決

そこで一九九九年一一月一五日法（loi n° 99-944）によって民事連帯契約（ＰａＣＳ、パクス）の制度が導入され、民法第五一五-一条以下に新たに規定が置かれて婚姻外の同性によるカップルにも法的な保護が与えられました。[7]

憲法院も合憲判決をくだし、[8]留保つきで同法の憲法適合性を認めました。パクス法によって、同性カップルに法的な承認と保護が与えられたことによって、個人には、法律上の婚姻、パクス、事実婚（同棲、concubinage）の三つの選択肢ができました。その結果、法律婚以外の関係から生まれた婚外子（enfants naturels）の比率が五〇％を超えましたが、パクスでは婚姻関係が発生しないことのほか、カップル共同で養子をとることや生殖補助医療の利用、共同親権の行使などが認められなかったため、これらが次の課題となったのです。[9]

とくに同性間の婚姻が認められるのかという問題と並んで、同性カップルが養子によって親となれるかどうかという homoparentalité（ホモパランタリテ、同性の両親による子の養育）問題が、社会的にも大きな議論を呼びました。[10]

二〇〇五年には家族法が改正され、同年七月四日法（loi n° 2005-744）によって、嫡出子と自然子の概念についての区別が廃止され、後者は、婚姻外の子（enfant né hors mariage）となりました。

子の氏の承認についても、父母双方に認められるようになり（二〇〇二年、二〇〇四年法）、二〇〇六年の相続法改正によって遺留分制度が縮減され、事実婚が事実上保護されました。

他方、二〇〇八年七月二三日憲法改正と二〇一〇年三月一日の組織法律によって導入されたQPC（Questions prioritaires de la constitutionnalité：合憲性優先問題）の制度を利用して憲法院に提訴されました。

これは、女性の同性カップルでパクス登録もしている当事者が、異性婚を前提とした民法の諸規定（民法第七五条最終項と、「男性と女性は、一八歳になるまでは結婚することができない」と定める第一四四条）が憲法上の権利を侵害しているとして提訴されたものです。憲法院は、一九五八年憲法前文によって憲法規範に加えられた一七八九年人権宣言の第二条と第四条によって、婚姻の自由が保障されていることを認めたうえで、民法第七五条最終項と第一四四条は同棲もしくはパクスの法的枠組から利益をうける権利を妨げるものではないと二〇一一年一月一八日に合憲判決を下しました。

また、二〇一二年六月二二日の判決でも、憲法院が立法裁量の枠内で婚姻の自由を認める判断を下しました。

その翌年の二〇一三年に、一九九九年六月一五日の「パクスと同棲に関する法律」によって同性間の婚姻類似の制度が認められたのをさらに進めて、同性婚が認められました。

3　二〇一三年同性婚法成立と homoparentalité

フランスでは、二〇〇二年三月四日や二〇〇五年の民法改正によって嫡出子と婚外子の差別が撤廃された後、同性カップル間の子の扱いが訴訟でも争われることが多くなりました。実際、同性カップルの家庭で、三万人から四万人の子が養育されていたことから、この問題が大統領選挙の争点になりました。

同性婚と homoparentalité（同性の両親による子の養育）に関する法律

二〇一二年五月の大統領選挙によって社会党のオランド大統領が選出されると、エロー首相は議会で「結婚し養子を迎える権利は、あらゆるカップルに差別なく付与される」と述べました。この後、法制化が進展し、同性カップルの養子縁組も合法化されたのです。同年一一月七日に法案が国民議会に提出され、二〇一三年五月一七日に「同性の個人にも婚姻を可能とする法律（loi ouvrant le mariage aux couples de personnes de même sexe）」（loi n° 2013-404）が成立しました。

この法律（以下、同性婚法）は、民法第一四三条を改正して「婚姻は、異性又は同性の両当事者間で締結される」と定義し（同性婚法第一条）、婚姻が同性間でも異性婚と同様の法的効力をもつことを民法第六条の一に包括的に定めて（同一条、一三条）、種々の規定を同性間の婚姻を含む内容に改正しました（民法第一四四条、第一六二～一六四条等改正、第二〇二条の一、第二〇一条の二新設）。

養親子関係等についても、同性婚を承認したことにより、同性婚カップルも婚姻を要件に共同で養子縁組をし（民法第三四三条）、配偶者の子の養子縁組（民法第三四五条の一）をすることができるようにしました。こうして同性婚カップルは、両当事者共同で親子関係を形成することができるようになったのです[11]。

現在では、フランスの結婚観は変化し、法律婚、パクス、事実婚の三つの可能性があるという形で理解されています。

民法以外にも社会保障法や労働法に係る改正も実施されましたが、社会的な論争を巻き起こしていた生殖補助医療（とくに代理母の利用）問題は、同性婚カップルについて禁止されたままとなり、この点が次の課題として残りました。

そこで次に生命倫理法の展開についてみておきます。

4　二〇二一年生命倫理法改正

(1) 生命倫理法の制定（一九九四年）

フランスでは、一九八三年の諮問委員会設立以降、長い歳月をかけて臓器移植や生殖・遺伝子関連技術を対象とする総合的な法制化を試みてきました。一九九四年七月には、人体に関する法律、臓器移植・生殖介助等に関する法律、記号データに関する法律の三つからなるいわゆる生命倫理法が制定されました。その原則を示した「人体に関する法律」は、民法の私権に関する章に人体に関する節を追加し、自己の身体が尊重される権利、人体の尊厳、人体の不可侵性と処分不可能性、人の種の一体性などの保障を明示しました。その原則にそって、臓器等が財産権・特許権の対象にならず、また、他人のための出産・妊娠契約が無効であることを明らかにし、これに反する臓器等を対象とする有償契約や代理母斡旋行為について刑罰を課しました。

また、人工生殖の適応範囲を「生殖年齢にあり、生存するカップル」（婚姻中もしくは二年以上の共同生活を証明できる男女）に限定し、独身者や同性カップルの人工授精と体外受精、死後の配偶子の利用を排除するとともに、カウンセリングの義務づけ等の規制や余剰胚の利用等についても詳細に規定しました。

これらの二法については、憲法院に合憲審査の付託がなされ、一九九四年七月二七日に合憲判決が出されました。憲法院は、（前記妊娠中絶法の場合と同様）一九四六年憲法前文と一七八九年人権宣言の諸規定に憲法的価値を認めた上で、生命の始まりからの人の尊重と人格の優位等の原則を表明する当該法律が、人間存在の尊重を保障するという憲法的価値をもつ点で憲法に合致するとしました。[12]

(2) 二〇〇四年改正法

その後、五年後の見直し規定に即して二〇〇四年八月に改正法が成立し、第三者を伴う生殖補助医療の制限や先端医療庁の設置等が定められました。さらにフランスでは、子をもつ権利（droit à l'enfant）や生殖補助医療を用いる権利などの権利論について、憲法学や民法学の学説上議論されるようになりました。

とくに代理母（merès-porteuses）についても、上記一九九四年の生命倫理法および民法で「代理出産・妊娠の契約は無効」と定められ、斡旋や売買については重い刑が科せられています。上記先端医療庁が二〇〇六年一二月–二〇〇七年一月に実施した世論調査の結果では五三％が法による容認に賛成しており、生命倫理法見直しにむけて議論が開始されました。二〇〇七年一〇月のパリ控訴院判決などをふまえて、二〇〇八年六月には元老院（上院）の調査委員会が代理出産の解禁を提案したこともあり大論争になったのですが、二〇一一年七月七日の生命倫理法改正では、民法第六–七条の代理出産契約の無効規定が維持され配偶子匿名原則は維持されました。

反面、卵細胞の超速冷凍保存技術や出生前・着床前診断の活用可能性が拡大され、次の改正までに七年の猶予が与えられました。さらに前述の二〇一三年同性婚法の下でも、代理出産無効規定の維持が確認された反面、代理出産契約以外の生殖補助医療については許容対象を拡大することが示されて立法的に解決されました。[13]

また、二〇一三年八月六日の生命倫理法改正でも代理出産無効規定の変更はなかったのですが、反面、女性カップルや未婚女性に対する生殖補助医療利用が二〇一七年の大統領選挙の争点となりました。

（3）二〇二一年六月二九日改正法案成立と憲法院同年七月二九日合憲判決

二〇一七年の大統領選挙に勝利したマクロン大統領は、生命倫理法改正の法制化を進め、二〇二一年六月二九日に生命倫理法改正法が両院で可決され、女性カップルと未婚女性の生殖補助医療利用

（人工授精による出産）が可能となりました（第一条）。そのほか配偶子の自己目的による保存（第三条）、子どもの出自を知る権利（第五条）も明示されました。この法律は憲法院に提訴され、同年七月二九日に合憲判決が出たのちに、八月二日に公布されたのです（同年九月二九日に改正）。提訴者たちは胚の完全性や個人の尊厳原則違反等を主張しましたが、憲法院は、人間の尊厳（dignité humaine）の保護の観点から合憲判決を下しました。[14]

こうして、二〇二一年八月二日には生命倫理法改正法が公布され、出自を知る権利、女性カップルや単身女性の生殖補助医療（ＰＭＡ）利用などが認められました。

親子関係承認、配偶子の自己目的保存承認、胚研究の拡大も（マクロン大統領公約どおり）認められましたが、反面、代理出産（ＧＰＡ）だけは従来通り、認められないままとなりました。ただし、海外の代理出産で出生した子は、フランス法に沿って（一方の親による登録もしくは依頼カップルによる養子縁組）処遇されることとされました。そこで、男性カップルのＧＰＡ利用（代理出産（la gestation pour autrui、ＧＰＡ）・代理母（mère porteus）の可否が、今後の課題として残っているのが現状です。

また、女性カップルや未婚女性にも子を持つ権利が認められたことにより、家族の氏の問題も生じることになり、マクロン大統領の与党は、二〇二一年一二月一九日に家族の氏の変更手続を簡略化する改正法案を提出するに至りました。

5　二〇二二年「氏の選択に関する法律」制定

現行法（一九八五年・二〇一三年法）では、婚姻の際は夫婦の旧姓の利用も結合姓も可能とされています。離婚後も裁判官の許可を得て継続使用も可能です。子の氏も、両親との親子関係が成立している場合は、父母のいずれかの姓のほか結合姓も可能であり、父母の意向が一致しない場合は身分吏への申告で結合姓となる仕組みです。フランスでは、イタリア・スペイン等のローマ法系の国と同様に（出生時の）姓の不変が原則で、身分登録上のほか使用上の姓（nom d'usage）も可能です。

ところが、慣行では夫の姓に統一する例や子の氏を父の姓に統一する例が多く、子の八五％が父姓を名乗っていることがわかりました。そこでマクロン大統領の与党は議員立法で二〇二一年一二月一九日に家族の氏の変更手続を簡略化する改正法として「氏の変更（changement de nom）を容易にする法律案」を提示するに至りました。二〇二二年一月二六日に国民議会で修正可決され、二月一五日元老院議決をへて二〇二二年三月二日に「氏の選択に関する法律」が制定され、同年七月一日から施行されました[15]。これにより従来の裁判手続等を要せずに、一八歳以上になれば出生時の親から受けついだ姓を父・母・結合姓のいずれかの中から選び直せるようになりました（本書の一四三頁以下、パリテ通信第４回参照）。

二〇二二年の大統領選挙では、代理出産の是非は争点にはならなかったのですが、次に来るのは、間違いなく男性同士のカップルのための生殖補助医療すなわち、代理出産（ＧＰＡ）の問題だと思われます。これからどこまで議論され、進展するかが、注目されます。

上記の過程を概観しただけでも、家族法改正から、パクス、同性婚法、homoparentalitéの承認に続いて、生殖補助医療が問題となり、女性同士のカップルや未婚女性のための人工授精・体外受精の承認、彼らのための家族の氏の変更へと、次第に許容される範囲が拡大されてきたことがわかります。

このような展開は、家族についての憲法規定をもたないフランスで起きていることであり、日本国憲法第二四条のように、世界に類を見ない規定として個人の尊厳と両性平等を同時に掲げた日本との比較が興味深いところです。

これらの展開の中で、個人の尊重原則のほんの初歩にすぎない夫婦同氏強制規定の是正（選択的夫婦別姓制導入）さえも実現し得ていない日本の現状を思う時、フランスとの格差に愕然とする思いです。ナポレオン法典と日本の旧民法（ボアソナード民法）との類似性と一九六〇年代までのフランス民法における女性の権利侵害の点などを考慮に入れるならば、なにゆえに、日本国憲法第二四条の実現がこのように遅れてきたのかを、再検証する必要が大きいといえるでしょう。

そこで、リプロダクティヴ・ライツや代理出産にかかわる課題については第1章（本書四四頁以下）に委ね、次の第4章で、日本国憲法下の家族法問題の現状と課題、とくに夫婦別姓訴訟、同性婚訴訟について、概観しておくことにしましょう。

注

1 フランス革命期の人権保障の限界につき、本書第1章一七頁以下参照。

2 オランプ・ドゥ・グージュにつき、本書第1章二〇頁、第二章六一頁、注（2）参照。

3 Olympe de Gouges,"Forme du contrat social de l’homme et de la femme", *Les droits de la femme : A la Reine,1791,pp.17* et s. オランプ・ドゥ・グージュ「男女の社会契約の形式」『シモーヌ vol.3』五五–五九頁（相川千尋訳）参照。本書第2章六三頁参照。

4 フランスにおける家族制度の展開について、辻村『憲法と家族』日本加除出版（二〇一六年）二〇–二六、三三–三四頁、辻村「現代家族の変容と個人の尊重―フランスとの比較を中心に」憲法理論研究会編『次世代の課題と憲法学』敬文堂（二〇二二年）六七–八二頁参照。

5 一九八〇年に一一・四%であったが二〇〇八年には五二・六%となった。

6 辻村前掲注（4）『憲法と家族』第I章第二節二〇–二六、三三–三四頁参照。

7 Loi n° 99-944 du 15 novembre 1999 relative au pacte civil de solidarité、丸山茂「フランスの家族と社会（6）（7）」神奈川大学評論三四、三八号（一九九九、二〇〇一年）、サビーヌ・マゾー＝ルヴヌール（大村敦志訳）「個人主義と家族法」ジュリスト一二〇五号（二〇〇一年）参照。

8 Décision n° 99-419 DC du 9 novembre 1999、フランス憲法判例研究会編・『フランスの憲法判例』信山社（二〇〇二年）九八頁以下［齊藤笑美子執筆］参照。

9 大島梨沙「フランスにおける非婚カップルの法的保護（1）（2）」北大法学論集五七巻六号、五八巻一号（二〇〇七年）、服部有希「フランスの同性婚法――家族制度の変容」国立国会図書館調査及び立法考査局『外国の立法』二五八号（二〇一三年一二月）二二頁以下参照。なお、フランスの親族法改正の経緯につき、床谷文雄＝本山敦編『親権法の比較研究』日本評論社（二〇一四年）一七四頁以下［栗原佳代執筆］参照。

10 この語は、一九九六年にAssociation des parents et tures parents gays et lesbiens (APGL) という同性愛者支援団体で用いられ、イレーヌ・テリーなどの専門家から批判を浴びたが、二〇〇六年頃から通用するようになった。とくに配偶者の一方がすでに縁組した養子を、その親子関係を保ったままで、同性カップルの共同の養子とする制度が認められた（同性婚法第七–八条、民法第三四五–一、三六〇条）。この場合の家族の氏も、かつて付与され又は選択された氏を養子の氏とすることができるようになった（民法第三五七条）。親権についても、父母に帰属すると定められていたところが、両親に帰属するように改正された（民法第三七一–一条）。

12 Décision n° 94-343/ 344 DC. du 27 juillet 1994 (J.O.du 29 juillet 1994)、フランス憲法判例研究会編・前掲注（8）八七頁［小林真紀執筆］、橳島次郎＝小門穂「フランスにおける先端医療技術管理体制の再整備」科学技術文明研究所『Studies』八号参照。

13 Loi n°2011-814 du 7 juillet 2011 relative à la bioéthique、元老院では同性カップルの生殖補助医療利用が認められたが、国民議会で否決されていた。二〇一一年法施行後も引き続き改革案や報告書が提出され、二〇一五年六月六日の公衆健康法（Code de la santé publique）改正などにともなって生命倫理法も多くの規定が修正されている。

14 Décision n° 2021-821 DC du 29 juillet 2021, https://www.conseil-constitutionnel.fr/decision/2021/202182DC.htm, 建石真公子「生命への介入、その法的課題一七、生殖補助医療と法における「尊厳」とは（3）」時の法令二一二七号（二〇二一年）五八–六六頁参照。辻村著作集第五巻『家族と憲法』（二〇二二年）第五章四九一頁参照。

15 Loi n° 2022-301 du 2 mars 2022 relative au choix du nom issu de la filiation (1)- Légifrance, 正式名称は「親子関係から生じた氏の選択に関する法律」であり、草案段階では「氏の変更（changement de nom）を容易にする法律」とされていた。このほか離婚等によって複雑になった場合を考慮して、これとは別に慣用氏（通称）を一つに限って登録することが認められた。未成年児の場合は両親が登録するが、子が一三歳以上の場合は子の同意が要件とされた。さらに別途、特別の場合（奇妙な氏や兄弟姉妹と異なる氏である場合等）には従来通りの法的措置によって家族姓を改める手続きも存在する。辻村「現代家族の変容と『氏の選択』」『自由と正義』七四巻二号（二〇二三年二月号）八–一六頁〔辻村著作集第六巻三二一頁以下所収〕参照。

パリテ通信　第4回

一生に一度、自分の姓を選択する自由

今回は、「姓」に関する最近のフランスでの法改正について紹介したい。一生に一度だけ、自分の姓を自由に選び直せるようにするという改革である。[1]

姓＝「父の名」の伝統

フランスにおいて「姓」は長らく「nom patronymique」と呼ばれた。nom は「名前」、patr- は「父、家長」の意味の接頭語で、「姓」が父の名前に同視されてきたことを示す。「嫡出子」の場合、子は自動的に父の名前を受け継ぐという状態が長く続いた。ナポレオン法典はこの点については沈黙しているが、「嫡出子」が父の名を受け継ぐことは自明のことと考えられていた。そして二〇〇五年からようやく子どもに受け継がせるファミリーネームを、父母それぞれの姓から選べることが明確化された。その機会に、選択肢は母の姓、父の姓、そして父母の姓を連結させた結合姓に拡大した。

それからしばらくは、父母間に争いがあった場合、自動的に父親の姓を割り当てるとされていたが、さらに二〇一三年の法律によってこれも廃止された。ちなみにこの改革は同性婚実現の副次的効果でもある。なぜなら同性婚が実現したことにより、少なくとも養子に関しては同性の両親が存在することになるため、自動的に父の姓を割り当てている規定は意味不明になったからである。同性婚を実現した法律において、姓に関する全面的な規定の整備が行われたことは大変に興味深い事実である。[2]

姓の変更に理由は不要に

フランスでは今でも、一〇人中八人の子どもが父親の姓だけを受け継いで名乗っているそうだ。父の姓の継承が積極的選択に基づく場合や慣行に従っているだけの場合も多いであろう。

しかし、両親が別離している場合にはこの状態を維持したいとは限らない。子どもを一人で育てる親にとって、別れたパートナーの姓だけを子が名乗っていることが、行政手続においてトラブルとなったり、子にとっても苦痛となっていることがある、というのが今回法改正のきっかけとなっている認識である。特に子育てに協力しない元配偶者を持ったシングルマザーの場合が念頭に置かれている。

まず今回の改正によって、受け継いでいない方の親の姓を通称として使用するための条件が緩和された。さらには、出生証書の姓も、簡単に変更できるようになった。例えば、自分が父親の姓だけを受け継いでおり、これを母親の姓に変更しようとする場合、成年に達していれば届出によって、理由を問わずに変更が認められることになった。それまでは行政の許可が変更に必要とされ、理由がないと判断されれば変更は拒否されることとなっていたので、大きな規制緩和となる。

受け継いでいない方の親の姓を元の姓に置き換えるだけでなく、受け継いでいない親の姓を加えて結合姓とする、すでに結合姓が採用されている場合には、どちらか一方の姓を削除する、順番を変えるということも自由にできるようになった。実際には、「育児を放棄した父親と母子」のような情緒に訴えかけるステレオタイプを超えた自由化である。

名前の選択の自由+両親間の平等 vs. 民事身分の安定

法案の提出理由では、「民事身分の安定」という登録制度の従来からの目的を保持しつつも、「両親の間の平等」と「名の選択の自由」が保護するに値する利益であることが主張されている。そしてこの改正が、父親の姓の使用継続について合意している人にいかなる負担も与えない点も強調された。つまり、子の改姓が誰の権利とも衝突しないことがポイントとなっているのである。

身分の安定性という要請と調和させるため、この理由を問わない名前の選択権の行使は、一生に一回きりである。二回目以降には正当な理由を必要とし、許可が必要となる。

夫婦別姓と戸籍制度

選択の自由という視点や、この権利を行使する人がそれほど多くはないと予想されることなどからすると、この改正は日本の選択的夫婦別姓に類似したところがある。選択的夫婦別姓制度は、別姓を誰にも強制しない柔軟なものであるにもかかわらず、三〇年以上も実現せずに膠着状態に陥ってしまった。フランスにおける二〇年来の急速な展開と対照的である。戦後の日本法は、夫婦の協議による氏の選択と子への継承が可能であったという意味で、父の姓だけを伝えるフランス法に先行していたが、今は、完全に逆転している。

　日本がこれだけ氏の問題を拗らせているのは、間違いなく氏と「家」を密接に結びつける戸籍制度の影響である[3]。もちろんフランスに戸籍制度はなく、民事身分を登録する出生証書は個人単位で作成される。結婚しても出生証書の姓は影響を受けないが、希望すれば配偶者の姓を使用したり、配偶者の姓を自身の姓に連結して結合姓を名乗ることもできる。家族の姓の統一はもちろん義務ではない。

　ただし、実際に異性婚のカップルで配偶者の姓を使用しているのは、圧倒的に女性側である。性別役割の問題が社会的に根強いことの反映であることは否定できない。が、まずは強制的に姓を変更させられる人はいない、ということが何よりも重要であろう。

アイデンティティとしての姓

　外国人の姓を原則的に受容しない戸籍制度と異なり、フランスの身分登録には外国姓も容易に入り込んでいく。姓は個人のルーツを示す重要な要素となる。

　ちなみにフランス生まれの私の子どもたちも、私の生来の姓である「ＳＡＩＴＯ」とフランス人親の姓を連結した結合姓を出生時に登録し、日常生活でも使用している。個人的には、こうして日本のルーツを伝えられることは嬉しいことではある。というと、ナショナリストの自己満足と思われるかもしれないが、その通りである。

　しかし、今回の法改正により、子どもたちが将来、この日本ルーツを自らのアイデンティティを反映していないものと考え、名前からこれを消し去りたいと望めば、それも可能となったのであり、私はこれに対抗することは全然できない。それでよいのであり、そのような法改正なのである。

注

1　Loi n° 2022-301 du 2 mars 2022 relative au choix du nom issu de la filiation

2　大島梨沙「同性婚の承認」日仏法学二八号（二〇一五）一六三頁参照

3　戸籍制度の特殊な思想性については、拙稿「戸籍による国民の把握とその揺らぎ」公法研究七五号（二〇一三年）

（二〇二二年五月一四日脱稿）

第4章　日本の家族法をめぐる問題

1　諸国の憲法における家族規定と家族モデル[1]

1-1　条約等の家族規定

日本の問題に入る前に、比較憲法の視点から、世界の国際人権条約や、主要国の憲法では、どのような家族規定があるのか、ざっとみておきます。

（1）世界人権宣言・国際人権規約

一九四五年の国際連合憲章では、前文で基本的人権や男女同権を宣言したのみで、家族について言及はなかったのですが、一九四八年の世界人権宣言では、第一六条に以下の家族条項をおいて家族形成権や保護を受ける権利を次のように定めました。

「第一六条㈠　成年の男女は、人種、国籍又は宗教によるいかなる制約をも受けることなく、婚姻し、かつ家庭をつくる権利を有する。

2　成年の男女は、婚姻中及びその解消に際し、婚姻に関し平等の権利を有する。
3　家庭は、社会の自然かつ基礎的な集合単位であって、社会及び国の保護を受ける権利を有する。」

さらに一九六六年採択の国際人権規約では、経済的、社会的及び文化的権利に関する国際規約（A規約）、市民的及び政治的権利に関する国際規約（B規約）で、それぞれ家族に関する規定を置きました。

A規約第一〇条「この規約の締約国は、次のことを認める。
㈠　できる限り広範な保護及び援助が、社会の自然かつ基礎的な単位である家族に対し、特に、家族の形成のために並びに扶養児童の養育および教育について責任を有する間に、与えられるべきである。婚姻は、両当事者の自由な合意に基づいて成立するものでなければならない。
㈡　産前産後の合理的な期間においては、特別の保護が母親に与えられるべきである。働いている母親には、その期間において、有給休暇又は相当な社会保障給付を伴う休暇が与えられるべきである。
㈢　保護及び援助のために特別な措置が、出生その他の事情を理由とするいかなる差別もなく、すべての子ども及び年少者のためにとられるべきである。（以下略）」

B規約第二三条「㈠　家族は社会の自然かつ基礎的な単位であり、社会及び国による保護を受ける権利を有する。㈡　婚姻をすることができる年齢の男女が婚姻をし、かつ家族を形成する権利は、認められる。㈢　婚姻は、両当事者の自由かつ完全な合意なしには成立しない。」

これらの国際条約では、普遍的人権原理として婚姻の自由と家族形成の自由、婚姻と家族形成に関する男女間の平等を定めた上で、国家の家族保護・援助の責務を抽象的に定めました。ここには、国家と個人の関係における個人の「婚姻と家族形成の自由」（婚姻に関する国家介入や差別の禁止）、個人相互間（家族内の）平等、さらに、これらの自由と平等に対する国家の一般的保護義務、および、家族形成・児童養育・母性保護など社会権的権利保障のための国家の義務（責務）が明示されています。

(2) 女性差別撤廃条約・家庭責任に関するＩＬＯ条約

女性差別撤廃条約（一九七九年採択、日本での発効は一九八五年）は女性に対するあらゆる差別を撤廃する（平等の確保）という趣旨で採択されましたが、その規定には、単なる権利の平等だけでなく、事実上の平等や女性の権利を保障した点が注目されます。家族に関する下記の第一六条では、単なる男女平等を超えて、子どもの数や出産間隔の決定についての権利、姓の決定権についての夫と妻の同一の権利（same rights）を明らかにしており、平等・差別撤廃から権利の確立へ（「平等アプローチ」から「権利アプローチ」へ）という視座の転換において、この条約が重要な過渡期的意義をもつことを示しています。

「第一六条㈠　締約国は、婚姻及び家族関係に係るすべての事項について女子に対する差別を撤廃するためのすべての適切な措置をとるものとし、特に、男女の平等を基礎として次のことを確保する。

（a）婚姻をする同一の権利、（b）自由に配偶者を選択し及び自由かつ完全な合意のみにより婚姻をする同一の権利、（c）婚姻中及び婚姻の解消の際の同一の権利及び責任、（d）子に関する事項についての親（婚姻をしているかいないかを問わない）としての同一の権利及び責任。（以下略）、（e）子の数及び出産の間隔を自由にかつ責任をもって決定する同一の権利並びにこれらの権利の行使を可能にする情報、教育及び手段を享受する同一の権利、（f）子の後見及び養子縁組……に係る同一の権利及び責任。（以下略）（g）夫及び妻の同一の個人的権利（姓及び職業を選択する権利を含む。）（h）無償であるか有償であるかを問わず、財産を所有し、取得し、運用し、管理し、利用し及び処分することに関する配偶者双方の同一の権利、（二略）」

ここでは、とくに女性差別撤廃条約第一六条で、「（e）子の数及び出産の間隔を自由にかつ責任をもって決定する同一の権利や、（g）夫及び妻の同一の個人的権利（姓及び職業を選択する権利を含む。）」を定めていることが重要です。

また、一九八一年採択のＩＬＯ一五六号条約（家族的責任を有する男女労働者の機会及び待遇の均等に関する条約、日本での発効一九九六年）は、女性差別撤廃条約前文で伝統的な性別役割分担の変更が必要であることを明示したことを受けて、家族的責任を有する労働者が職業上の責任と家族的責任との抵触なく職業に従事する権利、「職業を自由に選択する権利」の行使や、保育・家族に関するサービスの促進等を定めていました。

1–2 各国憲法における家族規定

各国憲法における家族規定では、世界の憲法を、（A）社会主義国型、（B）資本主義国型、（C）発展途上国型と分類することができ、日本が、このうち、（B）の先進資本主義型の、社会福祉国家理念のもとにある憲法の体系に属することを押さえておきたいと思います。

例えば、（A）社会主義国型憲法（および旧社会主義国憲法）では、中華人民共和国憲法（一九八二年制定、二〇〇四年最終改訂）がこれにあたります。よく知られているように、中国では「一人っ子政策」が長い間採られており（その後二人っ子政策になり、三人までになった後撤廃されたようですが）、生殖に関する権利を制限している点で、上記の女性差別撤廃条約第一六条eや、中国の憲法に違反しないのかという疑問がありました。ところが調べてみると一九八二年に制定された中国憲法には、下記のような規定があることがわかりました。

「第四九条　(一)　婚姻、家族、母親および児童は、国家の保護を受ける。二　夫婦は、双方ともに計画出産を実行する義務を負う。」

ここでは二項に、国民が、国家の出産計画を実施する義務があることが憲法に書かれていますので、一人っ子政策なども憲法違反ではない、ということになります。

次に、（B）先進資本主義国（社会国家）型憲法では、いわゆる先進国型の自由権、社会権として、婚姻や家族の保護が定められています。歴史的には、一九一九年のワイマール憲法第一一九条で社会国家理念を反映した家族の保護規定を置いて以来、とくに第二次世界大戦後、フランス（一九四六年）、イタリア（一九四七年）、ドイツ（一九四九年）、日本（一九四六年）で制定された憲法等に、家族規定が盛り込まれました。

「ワイマール憲法第一一九条　(一)　婚姻は、家庭生活および民族の維持・増殖の基礎として、憲法の特別の保護を受ける。婚姻は、両性の同意を基礎とする。(二)　家族の清潔を保持し、これを健全にし、これを社会的に助成することは、国家および市町村の任務である。子どもの多い家庭は、それにふさわしい扶助を請求する権利を有する。(三)　母性は、国家の保護と配慮を求める権利を有する。」

「ドイツ連邦共和国基本法第六条　㈠　婚姻および家族は、国家秩序の特別の保護を受ける。㈡　子どもの育成および教育は、両親の自然的権利であり、かつ、何よりもまず両親に課せられている義務である。この義務の実行については、国家共同体がこれを監視する。（三項略）㈣　すべての母は、共同社会の保護と配慮とを請求することができる。㈤　嫡出でない子に対しては、立法によって、肉体的および精神的成長について、ならびに社会におけるその地位について、嫡出子と同等の条件がつくられなければならない。」

これらの諸国の憲法では、家族の国家保護自体を明記するよりも、婚姻の自由とならんで母性の保護やなど社会権的諸権利の保護を重視するなど、自由主義的契機と社会国家的契機の両者を調整した特徴をもっています。とくにドイツ、イタリアの憲法では非嫡出子の平等が定められており、すでに第1章（二七頁以下）でふれた日本国憲法制定過程におけるベアテ草案との近似性が看取できます。とくにイタリア憲法では三カ条にわたって豊富な規定を置き、本来民法典に定めるような内容まで憲法で定めていることが注目されます。

「イタリア共和国憲法第二九条　㈠　共和国は婚姻に基づく自然的共同体としての家族の権利を認める。㈡　婚姻は、家族の一体性を保護するために法律で定める制限の下に、配偶者相互の倫理的および法的平等に基づき、規律される。
第三〇条　㈠　子どもを育て、教え、学ばせることは両親の義務であり、権利である。子どもが婚姻外で生まれたものであっても、同じとする。（二項略）㈢　婚姻外で生まれた子どもに対する法的および社会的保護は法律で定める。この保護は適正な家族の成員の権利と両立するものとする。（四項略）

第三一条　㈠　共和国は、経済的および他の措置により、家族の形成およびそれに必要な任務の遂行を助ける。大家族に対しては特別の配慮を行なう。㈡　共和国は、母性、児童、青年を保護し、この目的に必要な施設を助成する。」

上記のいわば二〇世紀型の先進資本主義型憲法では、主に社会権の保障という観点から家族や子どもの保護を定めていますが、社会主義型憲法のように国家の家族保護・国民の統制と義務の強制を直接的にめざすものでないことがわかります。

反面、二〇世紀後半までに制定された諸憲法や国際人権条約では、日本国憲法第二四条と同様に婚姻の主体は男女のカップルであることが前提とされるような表現になるなど、家族の個人主義的性格や私生活（プライバシー）保護の面が相対的に弱いことが特徴であるといえます。

（C）　非西欧型・発展途上国型憲法

アジアで世界最長の憲法を擁するインド共和国では、一九四七年の憲法制定後、九〇回を超える改正を重ねてきました。カーストや性別による差別を禁止し、「国が女性及び児童に対する特別規定を設けることを妨げない」（第一五条）とするほか、家族との関連では「国は、正当で人間らしい労働条件を保障し、母性を保護するための規定を設けなければならない」（第四二条）と定め、栄養水準・生活水準の向上のための国の責務を定めています（第四七条）。

一九八七年制定のフィリピン憲法では、第二条に、貧困からの解放のための生活改善（第九節）、個人の尊厳（第一一節）、青少年の重要性（第一三節）を定めるほか、家族と女性の地位について以下の規定がおかれ、家族における青少年育成機能と母性保護が重視されています。「妊娠出産における母胎と胎児には平等の保護が与えられる。」と定められています。

このほか一九八〇年代に制定された憲法であることを反映して、健康権や生態環境権、文化の多様性などに関する豊富な人権（新しい人権）規定がおかれていることが注目されています。

このように、発展途上国の憲法では、貧困からの解放や社会権保障についての国家政策が重要課題であり、この観点からの家族・青少年等の保護が定められることが特徴といえます。

以上のような比較検討からは、同じく家族の国家保護を規定する場合でも、社会主義国の場合には社会・経済政策、人口政策的な観点からの国家による統制の面が強く、発展途上国の場合には貧困からの解放をめざす目的が重視されるなど、それぞれ目的や態様が異なることがわかります。

これに対して、先進資本主義諸国の場合には、社会国家理念に基づいて社会福祉の観点から家族の保護を定めるものの、同時に、個人の婚姻の自由や家族形成権、プライバシー、配偶者間の平等などが強調され、個人主義原理が基調となっています。しかも、二〇〇〇年代の欧州基本権憲章などをみると、しだいに、（同性カップルを含む）家族形成権が重視されるようになり、家族の観念自体が変

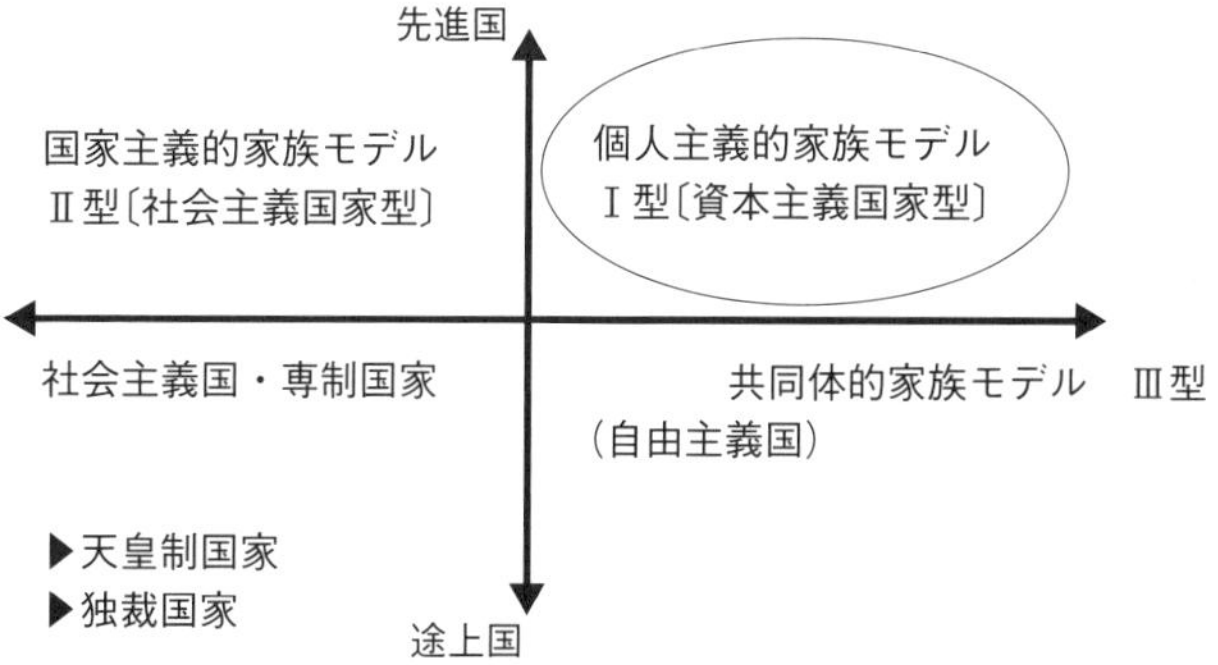

図表4－1　家族モデルの変容と選択

容していることがわかります。

これらの条約や諸国の憲法と比較すると、日本は、（B）の資本主義国型であり、家族は、自由主義や個人主義の原理の下で個人の人権を保障し、個人の幸福追求のために存在する、という考え方が基本になっていることが理解できます。これこそ、日本国憲法第二四条で、個人の尊厳と両性の平等を旨として家族法制が法制化されなければならないと定められた所以です。

1－3　家族モデル

家族モデルについては、（Ⅰ型）個人主義的家族モデル（個人の人権保障と自立の重視、平等の徹底をめざし、「家族の個人化」を追求する立場）、（Ⅱ型）国家主義的家族モデル（国家による家族の保護と家族構成員への強制を求める立場）に基本的に分けられます（図表4－1参照）。

近年では（Ⅲ型）共同体的家族モデル（社会ないし共同体の名のもとに、中間団体としての家族の責務を重視する三極対立構造型の家族モデル）が出現しています。

背景には、個人主義的なリベラリズムに対する共同体主義

（コミュニタリアニズム）や共和主義（リパブリカニズム）の影響を認めることができます。憲法学説からも「新たな親密圏」の構想（中里見博）が提起されていますが、これらの家族モデルの憲法学的検討は未だ十分ではなく、今後の課題であり続けています。

なお、国家による家族の保護については、（ア）国民統合・国家統制のための保護（社会主義国型および明治憲法下の天皇制国家型家族、血族的共同体型家族の保護など）、（イ）発展と救済のための保護（途上国型）、（ウ）社会権（母子の健康等）を実現するための保護（社会国家型）、（エ）権利保障やパターナリズムに由来する国家介入・保護（子どもの保護やＤＶ防止等、社会国家型）などの形態があり、区別が必要となります。このうち、日本国憲法は、おもに（ウ）を責務とするとともに、（エ）について必要最小限度の介入を認めているに過ぎない、と解されます。

2　日本国憲法第二四条と家族法

ここから日本における家族の憲法上の地位の問題にはいります。

以下では、まず憲法第二四条の制定過程に示された家族像を明らかにしたうえで、戦後社会の変容過程と現代家族に関する理論的な問題点をみておくことにします。

2―1　明治憲法下の家族法制

日本では、ナポレオン民法の影響をうけて起草された一八九〇（明治二三）年の民法人事編において、戸主権や家督相続制を基礎とする「家制度」が構築されました。この旧民法草案が施行延期された後、一八九八（明治三一）年に制定された「民法　親族・相続編（いわゆる明治民法）」では、家父長的な「家制度」がさらに強化され、妻の「無能力」（行為能力の否定、家督相続からの排除など）、同居・貞操義務が確立されましたが、この制度は、大日本帝国憲法の天皇主権原則と結びついて天皇を頂点とする天皇制家父長家族を形成し、国家による国民統合の装置として家族を機能させせました。

第二次大戦後、一九四六（昭和二一年）に制定された日本国憲法は、国家と家族の基本原理を一新しました。憲法第二四条は、第一三条の個人尊重原則や第一四条の平等原則の規定をうけて、婚姻の自由と夫婦同等の権利（一項）を定め、婚姻や家族に関する法律が、個人の尊厳と両性の本質的平等（二項）に立脚して制定されなければならないことを定めたのですが、日本国憲法の憲法制定過程では、「ベアテ・シロタ草案」が元になったことも、すでに第1章（本書二九頁以下）でふれました。今ではよく知られるようになっています。

2-2　日本国憲法制定過程

ＧＨＱ草案（マッカーサー草案）作成の九日間（一九四六年二月四〜一二日）に、人権条項がベアテ・シロタ・ゴードン氏によって起草された事情が最近明らかになってきました。[2]

現行憲法第二四条にあたるマッカーサー草案第二三条が成立する以前のベアテ・シロタ草案では、「家族（family）は、人類社会の基礎であり、その伝統は、善きにつけ悪しきにつけ国全体に浸透する。それ故、婚姻と家族とは、法の保護を受ける」と定められ、他にも、妊婦及び幼児をもつ母親に

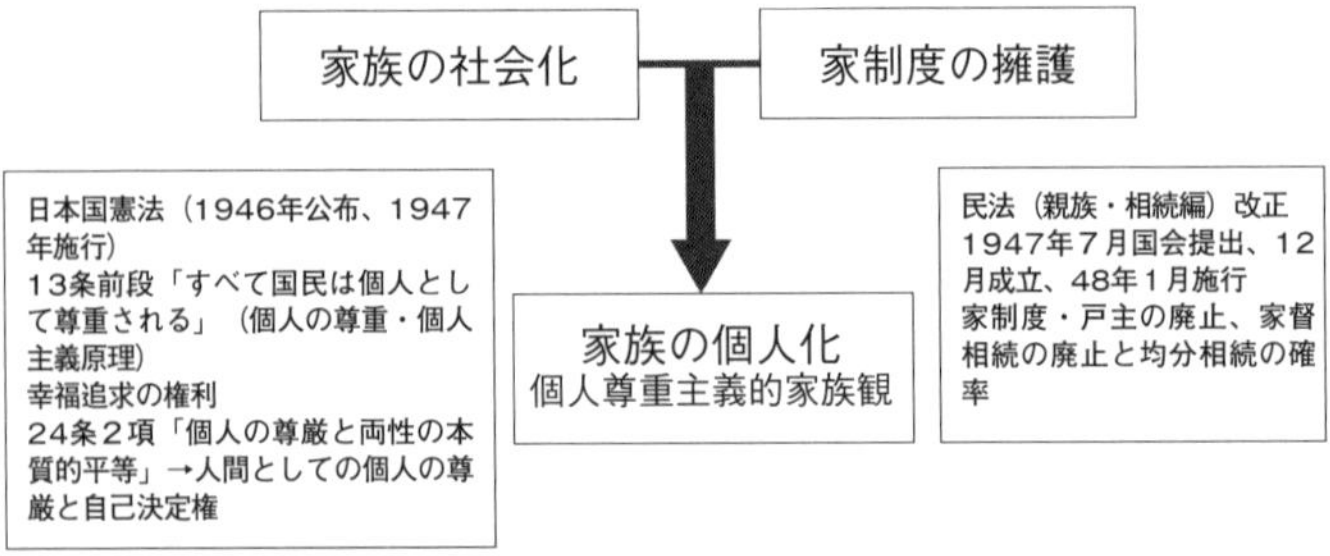
家族の社会化
家制度の擁護
日本国憲法（1946年公布、1947年施行）
13条前段「すべて国民は個人として尊重される」（個人の尊重・個人主義原理）
幸福追求の権利
24条２項「個人の尊厳と両性の本質的平等」→人間としての個人の尊厳と自己決定権
家族の個人化
個人尊重主義的家族観
民法（親族・相続編）改正
1947年７月国会提出、12月成立、48年１月施行
家制度・戸主の廃止、家督相続の廃止と均分相続の確率

図表４−２　帝国議会での議論

対する国の保護、非嫡出子に対する法的差別の禁止と非嫡出子の権利、長男の権利の廃止、児童の医療の無償等の豊富な規定がおかれていました。

ドイツのワイマール憲法や北欧諸国の憲法、旧ソ連憲法等を参考にして起草されたこれらの諸規定は人権委員会で承認されましたが、運営委員会で削除され、個人の尊厳と両性の本質的平等に立脚して家族法が制定されるべきことを定めた総論部分だけが、マッカーサー草案第二三条として成立したのです。日本政府はマッカーサー草案の「家族は、人類社会の基礎であり……国全体に浸透する」の一文を削除して家族保護の色彩を払拭することに主眼をおいたため、その規定は婚姻中心のものに変化しました。

さらに、一九四六年六月からの帝国議会審議の過程では、一方で保守派議員から日本型家父長家族（「天皇のお膝元に大道が通じている」という日本国の国体としての天皇制家父長家族制度）擁護論が主張され、他方で社会党などの左派議員からワイマール憲法型の家族保護論が主張されました。結局、この両者を同時に排除する形で、「家」制度の否定による近代化・民主化が志向されました。いわば左右両派の攻勢に対する妥協として、個人尊重主義を基礎とした画期的な憲法第二四条が成立したということができます[3]（図表4―2参照）。

国家と家族の関係では、家族の機能は、「国家権力の防波堤」の機能と、国家による国民統合の機能の二つを指摘することができますが、このうち前者の機能を重視する視点からすれば、国家による家族の保護という場合にも、「国家は、家族の自律を尊重して家族内部の問題に不当に介入してはならない」というリベラリズムの要請が重要となります。このため、すべて国民は個人として尊重されることを明示した憲法第一三条や、「個人の尊厳と両性の本質的平等」を原則として定めた第二四条が重要な意味を持つことになります。

とくに最近では、憲法第一三条で自己決定権が保障されていることについて、学説や判例が認めるようになっています。家族の形成、維持やリプロダクションについて、公権力から干渉されずに自ら決定する権利がある、と解されていますが（本書三五頁参照）、憲法学では、家族については、あまり理論化を進めてこなかったのが現状です。

のちにみるように、夫婦別姓制の問題について、憲法第一三・一四・二四条との適合性が議論の焦点になってきますが、相互の関係については、なお今後の課題も残っています。例えば、仮に憲法第二四条で、同性婚が保障されてないとしても、憲法第一三条では保障されると解されるため、これらの三つの条文の関係が今後も理論的な課題であり続けると考えています。

3　家族規定の合憲性[4]

（1）国籍法違憲訴訟

国籍法違憲判決（最高裁大法廷二〇〇八年六月四日違憲判決）で、いわゆる国際婚外子について、最高裁は、（国籍取得に両親の婚姻＝準正を要件とした）国籍法第三条一項を憲法第一四条違反としました。ここでは、「我が国における社会的、経済的環境等の変化に伴って、夫婦共同生活の在り方を含む家族生活や親子関係に関する意識も一様ではなくなってきており、今日では、出生数に占める非嫡出子の割合が増加するなど、家族生活や親子関係の実態も変化し多様化してきている。」とのべて、婚外子や未婚・非婚の増加などの状況の変化を理由に違憲判断を下しました。このため、国内婚外子に関する民法第九〇〇条に関する最高裁判決への影響が注目されました。

（2）婚外子差別違憲訴訟

民法第九〇〇条四号但書で、嫡出でない子（非嫡出子、婚外子）の相続分を嫡出子の二分の一としていた規定を、憲法第一四条違反と主張する違憲訴訟が従来からくりかえし起こされてきました。一九九六年の民法改正草案要綱では、この規定を削除する改正案が採用されていましたが、四半世紀以上も実現しないままでした。国際婚外子に対する差別を違憲とした国籍法違憲判決がだされたことをうけて、ようやく、二〇一三年九月一四日に、民法第九〇〇条四号但書を違憲とする婚外子差別違憲訴訟（住民票続柄差別訴訟・非嫡出子相続分差別訴訟）最高裁大法廷決定が下されました。この決定から三か月後の二〇一三年一二月に、民法の一部改正に結びつき、民法第九〇〇条四号但書が削除されて決着しました。

（3）再婚禁止期間違憲訴訟

女子のみ六カ月の再婚禁止期間を定める民法第七三三条も、嫡出推定の重複を避け、父子関係の混乱を防止することが立法趣旨とされ、女性のみが懐胎するという肉体構造に基づく合理的な区別であると解されて、長く合憲判断されてきました。

しかし、男性は離婚した翌日再婚できるのに対して、女性は六カ月も一律に待たされる規定は、明らかに性差別規定ですので、最近では特に医科学技術の進歩によって妊娠の有無や父子関係確認が容易になったことからしても、廃止論あるいは一〇〇日への期間短縮論などの法改正論が強まっていました（一九九六年の民法改正要綱案でも、制限が一〇〇日に短縮されていました）。二〇〇〇年に初版が出た筆者の憲法のテキスト（辻村『憲法』日本評論社）では、明確に違憲と書いていましたが、当時の憲法学通説では一〇〇日を超える部分について違憲の疑いがあるとしつつ、再婚禁止期間を女子のみに対して求めることについては合憲の判断をしていました。

しかし近年では、長く禁止期間規定を置いてきたフランスの民法でも二〇〇四年にこの規定自体が削除され、韓国の民法でも二〇〇五年の改正時に削除されています。このほかベルギー等でも規定が廃止されて、今や再婚禁止規定を残存させている国は日本だけであると言われていました。そのため、女性差別撤廃委員会二〇〇九年八月の総括所見や国際人権規約委員会等から、民法第七三三条等の早期改正が勧告されていました。憲法学者などが憲法違反と明確に言わなかったことの責任は重いと考えています。

これに対して、二〇一五（平成二七）年一二月一六日の再婚禁止期間規定（民法第七三三条）違憲訴訟最高裁判決は、一〇〇日を超える期間について、違憲判決を下しました。

もともとこの条文は、明治時代に制定された民法規定にあったもので、再婚しようとする男性にとって、女性が前夫の子を妊娠していたら不都合だという理由でおかれたもので（妊娠六カ月にもなればお腹も大きくなるので、再婚しようとする男性も気が付くだろうという考え方によるもので）、必ずしも合理的な理由がないまま六カ月（一八〇日）という期間が決まったものです。実際には、民法第七七二条の、「婚姻後二〇〇日以降、離婚後三〇〇日以内に出生した子は、婚姻中の夫の子と推定する」という「嫡出推定制度」の矛盾によって、離婚後すぐに再婚すると、前婚の夫と後婚の夫の子であるという嫡出推定が二重になってしまうので、再婚を遅らせることが必要になる、ということから生まれた規定です。離婚後再婚まで一〇〇日遅らせれば、推定が重ならないので、一〇〇日でいいにもかかわらず、明治時代の法律のまま、六カ月とされていたのです。これは一〇〇日でいいところ一八〇日間も制限したので、八〇日分過剰な制限だということです。これが憲法第一四条・二四条の男女平等の規定に違反するというのが、最高裁多数意見や当時の憲法学通説の判断です。

しかし、そもそも、例外なく一律に規定していることが問題で、高齢女性の再婚など、妊娠してないことが明らかな場合には、再婚を認めることが必要です。一〇〇日を超えるかどうかにかかわらず、民法第七三三条の規定自体が「過剰包摂」として憲法違反であるというのが筆者の考え方で、再婚禁止訴訟の前記最高裁判決では、個別意見のうち、鬼丸・山浦裁判官の二名が廃止論を説いています。

共同補足意見でも、一〇〇日以内の部分でも、戸籍事務上通達で認められている場合を除いて、適用除外の場合に再婚を認めるべきだという解釈を補充しています。また、国会賠償法上の請求については、国会議員が第七三三条を改正するという法的義務を負っていたかどうかについて検討して、請求を棄却していますが（山浦裁判官のみが請求を認めました）。

この国家賠償法上の責任の問題については、これまで、立法が違憲かどうかという問題と、国会議員が責任を負うかどうかは別問題だという説明がされてきました。「国会議員の立法行為又は立法不作為が同項の適用上違法となるかどうかは、国会議員の立法過程における行動が個々の国民に対して負う職務上の法的義務に違反したかどうかの問題であり、立法の内容の違憲性の問題とは区別されるべきものである」という二分論で考えられてきたのです。しかしこの二分論自体が、今後の課題です。

結論は違憲だと言っていながら、立法裁量を広く認めて国家賠償請求を棄却するのは、「違憲合法論」みたいなもので、立法府に甘すぎると思われます。違憲の法律を改める法的義務が二〇〇三年頃にはあったと考えるのが相当と思いますので、山浦裁判官の反対意見が支持されます。

また、山浦裁判官の反対意見は、「制定後一世紀以上を経過した現代においてもその目的に合理性があるか否かを検討するとともに、これを達成するための手段として必要性・相当性があるか否かをも検討し、他により影響の少ない方法がある場合には、本件規定は違憲の評価を帯びることになると解するのが相当である。」としていました。これは憲法学で言うLRAの原則（「より制限的でない他の手段」があれば、制限は違憲になるという考え）を採用しているようにみえ、これにも賛成です。

（4）民法改正の展開（二〇一六年〜二〇二二年）

二〇一五年一二月の最高裁判決や法務省通達を受けて、民法第七三三条等を改正する民法一部改正案が二〇一六年三月八日に衆議院に提出され、同年六月一日に参議院本会議において全会一致で可決されました（同年六月七日公布・施行）。この改正法では、民法第七三三条一項および第七四六条の定める期間を「前婚の解消又は取消しの日から六箇月」から「前婚の解消又は取消しの日から起算して一〇〇日」に改めました。また、民法第七三三条二項を改め、「女が前婚の解消若しくは取消しの時に懐胎していなかった場合又は女が前婚の解消若しくは取消しの後に出産した場合」には、再婚禁止期間規定を適用しないこととしました。

その後は、この規定自体を廃止できるかどうかがポイントになりましたが、第七七二条の嫡出推定制度を廃止しない限り難しいという考えが多く、フランスや韓国のように、個人戸籍であれば問題ないということから、戸籍制度に関わる大規模な改正論議が必要となると考えられていました。

しかし、実際には、二〇一六年六月の民法改正によって、再婚禁止期間の六カ月が一〇〇日に短縮されたのち、二〇二二年二月一日の法制審議会親子法部会の改正提案を、同年二月一四日に法制審議会が承認して答申しました。これは、民法第七七二条の嫡出推定の規定は維持するとしつつ、嫡出否認の訴えを夫にしか認めない第七七四条を改正し、さらに、いわゆる三〇〇日問題、無戸籍児の問題を克服するために離婚後三〇〇日以内に生まれた場合も、再婚しているときには、後婚の夫の子とするように改めるという案です。これを受けて、法務省で改正案を作成し、同年一〇月一四日に閣議決定されて、衆議院に民法改正案が提出されました。これによって民法第七三三条を廃止するほか、第七七四条を改正する民法改正法（「民法等の一部を改正する法律」令和四年法律一〇二号）が、二〇二二年一二月一〇日に可決成立したのです。

4 夫婦同氏原則の合憲性——民法第七五〇条違憲訴訟

4-1 第一次夫婦別姓訴訟[5]

二〇一五年一二月一六日の二つの最高裁判決のうち、民法第七五〇条（「夫婦は、婚姻の際に定めるところに従い、夫又は妻の氏を称する」）の夫婦同氏強制規定に関する違憲訴訟最高裁判決では、多数意見は、憲法第一三条・一四条・二四条に違反しないと判断しました（いわゆる第一次夫婦別姓訴訟最高裁判決）。

この訴訟では、原告は、正当にも民法第七五〇条の夫婦同氏原則について、憲法第二四条と第一三条を中心に構成し、氏の変更を強制されない権利を、人格権として主張しました。上告理由書は九万字にも及ぶ大部なもので、新書一冊分になる分量であり、国際水準の最先端の論理を駆使して、違憲性を論証しています。

これに対して、最高裁大法廷判決では、一四対一で国賠請求は敗訴となり、違憲主張部分は、一〇対五でした。判決の多数意見では、第一三条・一四条・二四条のいずれにも反しないという合憲判決でしたので、選択的夫婦別姓制を求めて長く違憲訴訟を闘ってきた当事者や女性団体等に衝撃を与えました。しかし反面、それでも、婚姻することの自由や氏名についての人格的利益を認めたほか、「規制の程度の小さい氏に係る制度」（例えば、いわゆる選択的夫婦別姓制）に「合理性がないと断ずるものではない」とあえて明示し、今後立法府が法律によって、選択的夫婦別姓制を採用することは容認されるというところまで踏み込んだことなど、注目すべき点もありました。

しかも、実質的平等の観点も認めていて、「仮に、社会に存する差別的な意識や慣習による影響があるのであれば、その影響を排除して夫婦間に実質的な平等が保たれるように図ることは、憲法一四条一項の趣旨に沿うものであるといえる。そして、この点は、氏を含めた婚姻及び家族に関する法制度の在り方を検討するに当たって考慮すべき事項の一つというべきであり、後記の憲法二四条の認める立法裁量の範囲を超えるものであるか否かの検討に当たっても留意すべきものと考えられる。」としていますので、原告側の完全敗訴というわけではなく、今後のために論点が明らかになってきたと思います。

(1) 判決の合憲論の内容

①最高裁多数意見は、憲法第一三条との関係では、「現行の法制度の下における氏の性質等に鑑みると、婚姻の際に「氏の変更を強制されない自由」が憲法上の権利として保障される人格権の一内容であるとはいえない。本件規定は、憲法一三条に違反するものではない。」と判断しました。また、「婚姻前に築いた個人の信用、評価、名誉感情等を婚姻後も維持する利益等は、憲法上の権利として

保障される人格権の一内容であるとまではいえないものの、後記のとおり、氏を含めた婚姻及び家族に関する法制度の在り方を検討するに当たって考慮すべき人格的利益であるとはいえるのであり、憲法二四条の認める立法裁量の範囲を超えるものであるか否かの検討に当たって考慮すべき事項であると考えられる。」としました。

②憲法第二四条については、本判決は、「憲法上直接保障された権利とまではいえない人格的利益や実質的平等は、その内容として多様なものが考えられ、それらの実現の在り方は、その時々における社会的条件、国民生活の状況、家族の在り方等との関係において決められるべきものである。…夫婦が同一の氏を称することは、上記の家族という一つの集団を構成する一員であることを、対外的に公示し、識別する機能を有している。特に、……嫡出子であることを示すために子が両親双方と同氏である仕組みを確保することにも一定の意義があると考えられる。……夫婦同氏制は、婚姻前の氏を通称として使用することまで許さないというものではなく、近時、婚姻前の氏を通称として使用することが社会的に広まっているところ、上記の不利益は、このような氏の通称使用が広まることにより一定程度は緩和され得るものである。以上の点を総合的に考慮すると、……憲法二四条に違反するものではない。」としました。

③最終的に、「なお、上記の判断は、そのような制度（いわゆる選択的夫婦別氏制）に合理性がないと断ずるものではない。上記のとおり、夫婦同氏制の採用については、嫡出子の仕組みなどの婚姻制度や氏の在り方に対する社会の受け止め方に依拠するところが少なくなく、この点の状況に関する判断を含め、この種の制度の在り方は、国会で論ぜられ、判断されるべき事柄にほかならないという

べきである。」とのべて、立法裁量を重視して、今後の法改正に期待を示したともいえます。

（2）氏名権

上告人や研究者の方は、すでにみたように、人格権侵害と解するのですが、新しい人権については、確立時期などが問題となります。すでに第1章（本書三六頁）でもみたように、佐藤幸治説でも、「背景的権利→法的権利→具体的権利」（佐藤幸治『日本国憲法』（二〇一一年）一二三頁）と進展していって、裁判の中で憲法上の権利として承認されるようになるには、「司法的救済にふさわしい一層の明確性・特定性が求められる」と指摘しています。

我々の感覚では、氏名権は、人格的自律にとって最も基本的な、不可欠な権利で、憲法制定過程には明示的に論じられてないとしても、今日では、その利益の確保が非常に困難であり、憲法上の権利と認められているので、新しい人権と言えると思いますが、いつから、どのような事情で、憲法上の権利になり、それが一九九六年の、民法改正草案要綱に反映されたことを、一般的に広めてゆく必要があると思います。

ただ、最高裁多数意見は、制度優先の思考が顕著で、立法裁量論を重視しています→国会が法改正しないから司法府に訴えたのに、結局、法律によって対処してほしいという回答でしたので、今後、国会でも法改正を考えてゆく必要があります。

（3）立法不作為責任

立法府の責任に関する論点についても、山浦裁判官の上記反対意見は論理明快で、論理的にも現実的にも、筋の通った見解でした。山浦反対意見は、「世界の多くの国において、夫婦同氏の他に夫婦別氏が認められている。女子差別撤廃委員会からは、平成一五年以降、繰り返し、我が国の民法に夫婦の氏の選択に関する差別的な法規定が含まれていることについて懸念が表明され、その廃止が要請されるまでに至っている。……以上を総合すれば、少なくとも、法制審議会が法務大臣に「民法の一部を改正する法律案要綱」を答申した平成八年以降相当期間を経過した時点においては、……憲法の規定に違反することが国会にとっても明白になっていた。……したがって、本件立法不作為は、……国会が正当な理由なく長期にわたって改廃等の立法措置を怠っていたものとして、国家賠償法一条一項の適用上違法の評価を受けるものである。そして、本件立法不作為については、過失の存在も否定することはできない。このような本件立法不作為の結果、上告人らは、精神的苦痛を被ったものというべきであるから、本件においては、上記の違法な本件立法不作為を理由とする国家賠償請求を認容すべきであると考える。」としました。

(4) 通称使用

通称使用については、岡部裁判官たち、女性裁判官三名が指摘したように、九六%の人が夫の氏を選択しているとしても、これは、社会全体の傾向にしたがったもので、例外的に選択的別姓にすることができないことに起因するといえます。そこで、一九九六年に民法改正草案要綱がでたときにも、選択的別姓制が採用されていました。世論調査結果でも、賛成が多いのですが、世代によって違っています。ただ、判決がいうように、家族制度が崩れると考えるのか個人が大事と考えるか、「制度か個人か」という点では、憲法制定の時と同じ問題なわけです。そして、日本国憲法は、個人の方を重視する憲法規定を採用しましたが、実際には、制度を重視する考えが根強く、個人中心の考え方に変わりきってない、ということだと思います。

4-2 夫婦別姓訴訟第二次訴訟

第二次訴訟として、下記の四種類の訴訟が提起されました。

①外国人との婚姻等との対比から戸籍法の違憲性（憲法一三・一四・二四条違反）を問う裁判（原告：青野氏、代理人：作花弁護士、二〇一八（平成三〇）年一月提訴、東京地判二〇一九（平三一）三・二五棄却（合憲）、東京高裁に控訴され、合憲判決後最高裁に上告されました。通称「ニュー選択的夫婦別姓訴訟」[6]）。

②民法七五〇条・戸籍法七四条一号の違憲訴訟三件（憲法一四条一項違反、信条による差別、二四条二項違反、女性差別撤廃条約違反、代理人：榊原弁護士等弁護団、二〇一八年五月提訴、東京地判令和元年一〇月二日請求棄却判決、東京地裁立川支部令和元年一一月一四日請求棄却判決、広島地判令和元年一一月一九日請求棄却判決。これに先立ち二〇一八年三月審判申し立て。通称「第二次夫婦別姓訴訟」）。この②では婚姻届受理申立てと国賠請求を、東京地裁、同立川支部、広島地裁に提訴。第一次訴訟の争点のうち、憲法一三条（氏の変更を強制されない権利、婚姻の自由）違反の主張を行わず、一四条（平等権侵害・差別禁止）違反と二四条二項違反（実質的平等違反の立法裁量限定論）

を主張しました。とくに、別姓を選んだカップルと同性を選んだカップルとの間の「信条」による差別を主張し、東京地裁と同立川支部判決は、信条に当たると判断（広島地裁は回避）しました。しかし民法七五〇条は信条に着目しておらず、合理性を欠く制度ではないとして合憲判断が下されました。三件は、それぞれ東京高裁、東京高裁、広島高裁に控訴され棄却判決がでています。国賠請求訴訟については、最高裁から二〇二二（令和四）年三月二二・二四日に上告棄却されています。また、別件の家裁の特別抗告事件について最高裁から令和三（二〇二一）年六月二三日に合憲決定が出されました（後述）。

③外国（米国NY州）で一九九七年に別姓結婚した日本人夫婦（映画監督想田和弘と映画プロデューサーの柏木規与子）による違憲確認訴訟（憲法第二四条違反、婚姻が日本で公証されないことの違憲性を理由に東京地裁に二〇一八年六月に提訴し、慰謝料二〇万円請求。合憲判決後東京高裁に控訴し、のち上告。「夫婦別姓確認訴訟」）。

④双方に連れ子のいる再婚夫婦による違憲訴訟（外国人との対比により憲法一四条一項、二四条違反として二〇一八年八月提訴。東京地裁二〇一九（令和一）九・三〇合憲判決では「議論の高まりは見られることなどが認められる」としつつ、「夫婦同姓規定が憲法に違反するといえるような事情の変化は認められない」と判示しました。これに対して東京高裁に控訴し、棄却後、最高裁に上告。

4-3　二〇二一年三月一日最高裁宛て意見書——憲法学からの判例批評

筆者は、二〇二一年三月一日に最高裁宛ての意見書を提出し[7]、二〇一五年判決以降の事情変更の証明として、憲法学からの判例批評の動向を指摘し、民放第七五〇条が違憲であることを主張しました。[8]

憲法学研究者からは、判例評釈や論文で、続々と最高裁判決の論評・批判が公開されました。二〇一八年五月の江藤祥平准教授の判例評釈（『自治研究九四巻五号』一三二－一三九頁）では、本件最高裁判決に対して「学説は概ね批判的である」[9]と結論づけています。例外として、文献一点が例示され、「憲法一三・一四条に反しない場合でも、二四条に反する可能性を示唆した点」で評価を得ていることが指摘されています。

分類すると、（A）制度論的思考に対する批判、（B）一四条論（間接差別、カップル間の差別論、二四条二項論）、（C）一四条論および二四条二項論、（D）一三条論・一四条論および二四条二項論（E）グローバル人権論からの批判、（F）憲法訴訟論からの評価、などにわけられるため、以下、順に概観します。

（A）「制度論的思考」に対する批判

（1）高橋和之教授――制度的思考への批判（二〇一六年三月）

夫婦別姓訴訟上告審に意見書を提出していた高橋和之教授は、最高裁の合憲判決の「結論以上にその手法に失望」して『世界』二〇一六年三月号に投稿しました。[10]一般向けの論考とはいえ、内容的にも理論的にも他を凌駕する重要な最高裁批判論となっています。

ここでは、「家制度の残滓が、……無言の圧力となって女性に氏の変更を『強制』してきた」こと、「婚姻に際して妻が夫の氏を称するのは当然だとする意識」がこの社会的な差別構造と密接に結びついていることを喝破し、この点から今回の最高裁判決で三名の女性裁判官全員が同氏強制を違憲と判断したことは「決して偶然ではない」としました[11]。

高橋説は、①憲法第二四条二項の「個人の尊厳と両性の本質的平等」の内容を明確に定義づけて該当性の判断を行う「定義づけ衡量」の手法を採用するが、本件最高裁判決はこれを採用せず、②氏の変更の強制を人権の制限と構成し、制限が正当かどうかを検討するアプローチによりつつ、人権の保障範囲は制度の枠内に限定されるという「制度優先思考」をとったことを批判しました。実際に、氏の統一が婚姻の成立要件となることによって婚姻の自由が制限されていることを、岡部裁判官らの意見が明確にしています。

（2）小山剛教授「判批」（二〇一七年四月）ほか[12]

小山剛教授の判例批評は、人格権としての「氏名」や「婚姻」の自由も、ドイツにおいて「法制度に依存した権利」であるとして、ドイツ連邦憲法裁判所の判例理論に基づく「三段階審査」論を基調として、〔i〕権利の保護領域の確定、〔ii〕権利ないし保護領域の制限の有無、〔iii〕制限の正当化の三段階に沿って、権利と法制度との関係を分析しています。ここでは、最高裁は、①氏の変更を強制されない自由」は人格権の一内容ではない、②氏の変更に付随する不利益も「人格的利益」として考慮されるにとどまる、③本件規定それ自体は差別的取り扱いを定めた規定ではない、④夫婦同氏強制は婚姻の自由を直接制約するものではない、として、憲法第一三条、一四条一項、二四条一項に違反しないとしました。⑤第二四条二項との関係でも、夫婦同氏制は合理性を欠く制度であると認めることはできない、としました。小山教授よれば「本判決は、憲法二四条一項にいう『婚姻』を、……法制度の枠内の婚姻を指すものとして理解し」、婚氏決定が法律婚の成立の前提条件であると認定したうえで、最終的に「法的構成としては、憲法上の婚姻の自由に対する下位法による制約と観念した方がむしろ素直であろう」と婉曲に批判しています。また、本判決は、「権利と制度がせめぎあう憲法問題について、権利制限という構成を自覚的に退け、立法裁量の問題としてこれを審査した」が、「権利の論理と制度の論理が交錯する場合に、自動的に権利を従属させた感がある。……単純な制度論への逃避は、単純な権利論とおなじく益するところが少ない」という批判的な結論に到達していま す。

現代ドイツ憲法理論に依拠した検討によっても、本判決の「制度優先思考」が批判されることになった点は重要でしょう。

（3）江藤祥平准教授「判批」（二〇一八年五月）[13]

江藤准教授も、「問題は、ある自由が憲法上の権利として保障されるか否かを知るにあたって、なぜ憲法の下位法である民法を参照するのかという点にある。本判決曰く『氏に関する人格権の内容も、……法制度をまって初めて具体的に捉えられるもの』だからである。しかし、この点に関する判示の論理構成は、明確なものとはいいがたい。」として、判決の論理を批判しています。「氏が一定の法制度を前提にすることはそのとおりであるとしても、そのことから直ちに憲法上の権利の内容が民法により規律されることにはならないはずだからである」。例えば憲法第二五条の生存権のような請求権的自由が問題になる場合にも「最低限度」の生活か否かの判断が、下位法に一任されるとは考えられていないことが例証されています。

この点について、江藤准教授は「いずれにせよ、憲法の意味する家族の形を曖昧にしたまま、単に民法上の氏の呼称としての意義を強調するだけでは、憲法論としては不十分である」と断じ、「本判決は、法制度や身分関係を根拠に議論を展開しているが、その内実は明確ではなく、氏の変更に関する人格権の権利性を否定する論拠としては不十分といえる」と指摘しています。

(4) 蟻川恒正教授の論評（二〇一八年一〇月）[14]

夫婦同氏強制問題を素材として選択的別姓制などの法制化の在り方を総合的に検討する蟻川論文では、上記平成二七年最高裁大法廷判決の問題性を、憲法第一三条、一四条一項、二四条論のそれぞれについて「再検討の余地がある上、憲法二四条二項についての総合的考慮の枠組とその適用には、なおあいまいな部分が残ることを指摘しなければならない」とします。その前提として、「制度準拠的思考」を批判し、「本判決が、民法七五〇条の憲法一三条適合性を判断するに当たって、制度準拠的思考をとることが適当であると考えたうえで、氏に関する前記『法制度』には一定の合理性があると考え、民法七五〇条は憲法一三条に違反しないと結論したのです。その判断には再検討の余地がある……」といいます。

(B) 一四条論（間接差別、カップル間の差別論）

（1）高橋和之教授――実質的平等・間接差別論の展開

高橋教授は、平等権についても、今日では憲法が実質的平等を保障していると解すべきであり、合理的期間内に是正せずに放置した場合には違憲と解すべきであると述べます。高橋説では、上記意見書において、実質的平等論を担保する理論として欧米の間接差別論に言及しており、上告代理人たる弁護団もこの主張に依拠しています。高橋意見書では、諸外国では「間接差別あるいは差別的インパクト（discriminatory or disproportionate impact）の問題」として議論していることを指摘し、アメリカの平等権に関する判例理論では、人種差別の正当性が「厳格審査」に服することから、正当化はきわめて困難であり、厳格審査を行うべき場合を適切に限定するために差別目的の論証を要求している、とします。これに対して日本の判例では、差別の合理性は「諸般の事情の総合判断」により決定し、差別の類型ごとに審査の厳格度を分けるという考え方はとっていないため、間接差別についても、法の運用実態において無視しえない程度の差別が生じている場合には、差別の存在を認め、それが合理的差別かどうかを「総合判断」により決めるというアプローチとなり、間接差別であるという事実はその総合判断における一判断要素と捉えることになる、と解するのです。「夫婦の氏の選択において性に基づく差別は厳然たる事実として存在する」のであり、この差別を生み出している主要な原因は「戦前の家意識の残存」「国民の意識（婚姻に際して自己の氏の変更を望まない女性に対しても、抗うことの困難な心理的な圧力として作用している）」であり、「個人の尊厳と両性の本質的平等」（憲法第二四条二項）という基本価値とは整合しないと主張しています（後述）。

（2）木村草太教授――新たな対抗軸（同姓希望カップルと別姓希望カップル間の差別）の提示（二〇一六年六月）[15]

二〇一五年一二月判決直後に、民法第七五〇条違憲訴訟の上告人が国賠請求訴訟で闘ったことについてネガティヴなコメントを公表していた木村草太教授[16]は、二〇一六年六月の評論において、平等権侵害について新たな視座を提起して再検討を試みています。実質的不平等として間接差別を認める高橋説の理解については、「実質的不平等自体を権利侵害とするのは射程を拡大しすぎた議論である」とし、「間接差別は、差別的意図に基づく行為と定義すべきであろう」として批判しています（後述）。

木村教授の議論で特徴的なのは、新たな平等権侵害の視点から検討した点です。すなわち、民法七五〇条で問題なのは男性と女性の間の「氏の変更を強制されるかどうか」に関する区別論ではなく、「同姓カップル」と「別姓希望カップル」との間の「法律婚をできるかどうか」の区別であるとし、従来の合理的関連性の審査基準に照らせば、氏の統一という目的とこの区別が関連性を持たないことから、違憲と判断されるという立論を示しました。この議論は、第一四条ないし第二四条の平等論で対処しようとする場合の新たな対抗軸を示し、法廷意見の矛盾を指摘するものとして今後の議論にとって有効性を持つように見えます。しかし、このような対立軸の設定は、立法事実との関係や現実のジェンダー・バイアスを無視している点など、いくつかの疑問を指摘することができるでしょう。

一九四七年の民法改正時の状況下で、実際に、婚姻届を提出する段階で旧姓変更の強制を回避する目的で法律婚を拒否し、事実婚を選択する「別姓希望カップル」が存立しえていたのか、あるいは、実際にどれだけいたのか、という点を考慮すれば、このような構図は多分に机上の空論のようにもみえます。また、「家を重しとするか、人を尊しとするか」という議論の中で民法第七五〇条が（前者の）家制度の維持と女性差別を目的とした「差別的動機」のもとに制定されたことが立証できたとすれば、家制度持続の意図を隠ぺいするための間接的な女性差別と解することも不可能ではないとしても、その立証は困難でしょう。最高裁法廷意見がこのような理解を一蹴しているとおりです。

この点で、同じように家制度の維持目的等を前提にしつつ、性中立的な規定を置いたことが、木村教授が設定するように「別姓希望カップル」の差別になると解することは当時の状況からすれば現実的ではないように思われます。実際、制度的な同氏原則強制による国家的な誘導のまえに、（法律婚を拒否した場合の不利益を覚悟したうえでの）「別姓希望カップル」の選択肢が殆ど存在しなかったことは、憲法制定当時の男性側の改正率一～二％という数字が物語っていました。とすれば、木村説の対抗図式は、現在の欧州のように法律婚の道を回避して婚外子を生むカップルが五〇％前後もいるような状況下では有意義な検討課題であるとしても、当時の日本の状況からすれば、立法事実に反する形而上学的な議論であるといわざるをえないでしょう。この点では、当時の七五〇条が必ずしも家制度の存続を目的とした女性差別的立法ではなく、むしろ個人の選択を尊重する（少数であれ、女性側の氏の維持の余地を認める）という趣旨で制定されたという理解の上に当時は合憲であったと解する岡部意見等のほうが、現実的な解釈であるように思われます。

また、当時の選択肢の中心は「妻または夫」の氏のいずれを選択するかであり、（木村説が主張するような）法律婚を拒否して別姓を貫くための「別姓希望カップル」による事実婚選択が現実的なものではなかったことからすれば、「同姓希望カップル」と「別姓希望カップル」の対抗構図の提示は、別姓制問題における今後の議論には有効であるとしても、過去の事例に関する本件訴訟の判例評釈においては、必ずしも現実的な有効性を示しえないように思われます。この点では、岡部裁判官の意見に示された現実のジェンダー・バイアスの存在や九六％という数字の背後にある国家的強制の威力について、「家制度の残滓」という形で理解するほうが説得的であり、歴史的現実や憲法・民法制定当時の現実から乖離した憲法学のメタ理論には憲法論・人権論としての限界も示されているように見えます。

なお、上記の夫婦別姓訴訟第二次訴訟の弁護団では、憲法一四条違反を主張するに際して、木村説の対立軸（「同姓希望カップル」と「別姓希望カップル」の差別論）をもとに、一四条一項の定める「信条」による差別論を基礎に据えたといえます。

（C）憲法第一四条及び二四条二項論

判例・通説では、従来、憲法第一四条の平等論は形式平等論で検討してきましたが、二〇一五（平成二七）年最高裁判決では、憲法第二四条二項の「両性の本質的平等」の解釈にあたって、実質的平等も、憲法第二四条の立法裁量を制約する基本原理になり得ると解し、実質的平等論も（憲法第一四条でなく二四条で）認めていることが重要です（辻村説、後述）。

なお、上記の高橋和之説においても、「アメリカでは差別目的の論証を要求するが日本では総合判断で決するため、間接差別も一判断要素となる」とされており、直接一四条論違反と解されない場合も、二四条二項の判断要素とされて、二四条違反が認定されうることを示唆しています。

(D) 憲法第一三条・一四条と二四条一項・二項論

(1) 辻村説――『憲法と家族』(二〇一六年五月)[17]

憲法学説の中ではいち早く単行本を刊行し、二〇一五年最高裁判決についてコメントしたのが辻村説です。すでに、一九九〇年代の著作以降民法七五〇条の夫婦同氏原則自体を、憲法一三条及び二四条一項および二項に違反するという違憲説を提示しており、別姓訴訟弁護団の上告趣意書や平成二七年最高裁判決反対意見にも一定の影響を与えていることが伺えます。この見解では、一三条、二四条一・二項違反、人格権(氏の変更を強制されない権利、婚姻の自由)の侵害、二四条の立法裁量論の批判をしましたが、最高裁では二〇一五年一二月一六日判決で、いずれも否定されました。

(2) 蟻川恒正教授の最高裁判決内在的批判、二四条一・二項違反論(二〇一八年一〇月)

蟻川恒正教授は前掲①判例評釈(民法判例百選Ⅲ親族・相続(第二版))および②論文「家族への介入と憲法―夫婦同氏強制を素材として」(法律時報九〇巻一一号)等において、繰り返し「判決の憲法論には再検討の必要がある」(①一五頁、②一一頁)ことを指摘しています。[18] とくに、憲法一三条論については、「人格権と人格的利益の区別が元来判然としたものでない以上、割り切り過ぎの極みがすぎの憾みがあるし」(①一五頁)、一四条についても、「本件規定の性中立性が『見せかけの平等』(大村敦志『家族法(第三版)』二〇一〇、四六頁)であることの違憲性の検討は、夫婦間の協議への差別的な意識等の影響を云々する前に、『夫ノ氏』(直前の案)を『夫又ハ妻ノ氏』に替えても実質的違いを生じないとして総司令部の意向を受け入れたとされる立法経緯の検証をこそ出発点とすべきであろう」と指摘します。

いずれにしても、蟻川説のポイントは、一三条違反、一四条違反でないとしても（「本判決合憲論を以てしても、」）「本件規定が憲法二四条一項後段の趣旨に沿わず、ゆえに憲法二四条二項の認める立法裁量の範囲を超えて違憲であると判断される余地は残る」として指摘するように、憲法第二四条一項後段と二四条二項違憲論になります。

憲法第二四条一項後段については、「夫婦の氏を決定する協議により、『真に自由な選択』可能になったとしても、また、氏の変更により生じる不利益が今後通称使用の著しい拡大などによって相当程度緩和されたとしても、夫婦のうち一方のみが氏の変更による何らかの不利益を引き受け、他方はそうした不利益から一切免れているという配偶者間での不利益の不均衡を民法が『公序』として強制していることとの問題性は解消されない。本件規定の最後の壁はここにある。……この不均衡の『公序』化は、婚姻は『夫婦が同等の権利を有すること基本として、相互の協力により、維持されなければならない』とする憲法二四条一項後段の趣旨に沿わない可能性がある。本判決が示した夫婦同氏のメリットは、上記の『公序』を容認してもなお確保される必要がある利益としては論証されてないから、本判決の合憲論を以てしても」憲法第二四条二項の立法裁量の範囲を超えて違憲、という道筋を提示しています。

このような憲法第二四条二項違憲論は、以下のような検討に基づいています。すなわち、本判決が、「憲法上直接保障された権利とまでいえない」として憲法一三条適合性判断において考慮の外に置いた「人格的利益」や、……憲法一四条一項適合性審査においては考慮の外に置いた「実質的平等」をも憲法二四条二項適合性判断においては考慮要素として取り込むが、……「前提となる憲法一三条、一四条一項についての判断には再検討の余地がある上、憲法二四条二項についての総合的考慮の枠組みと適用には、なお曖昧な部分が残る」と蟻川教授は指摘します。そのうえで、「民法七五〇条には違憲の瑕疵がある」として二四条二項違憲説を解く理由として、夫婦が「対等な関係性の基盤の上に協力して婚姻生活を築く」として「相互の協力」を求める二四条一項後段に照らして違憲である、すなわち「民法七五〇条に定める夫婦同氏制の下では、そうした相互に自律的で対等な関係を構築することは困難になる蓋然性が高い」ことをあげ、最高裁判決の二四条一項後段違憲論（「公序」の強制に関する上記の見解）を示唆しています。しかし結論的には、蟻川説は、二四条一項後段違憲とまでは言えず、「二四条一項後段の趣旨に沿わず、したがって、憲法二四条二項の認める立法裁量の範囲を超えて違憲」という二四条二項違憲説の立場にたつことを明らかにしています。

このような違憲論を前提に、次に立法論を検討し、制度化の選択肢としては、「氏の変更に際して夫婦の一方と他方とで不均衡を強制しない制度」が選択肢であることが指摘され、具体的には、①選択的別氏制、②非選択的別氏制（双方とも変えない）、③新たな氏の創設、の三つが例示されます。これら三つの選択肢からの絞り込みは「憲法論の守備範囲を超える」ものであり、立法論の任務であるとしつつ、「最高裁が本稿の提案する違憲判断をしたと仮定した場合、最高裁の前記違憲判断からは……選択的別氏制［①］が最後に残る公算が大きい」という見通しを明らかにしています。

（3）小山剛教授および江藤准教授の批評

前述（A‐2）のように、小山剛教授は、最高裁判決の要旨を下記のようにまとめ、個別に検討しました。すでにみたように、最高裁判決多数意見は、「①氏の変更を強制されない自由」は人格権の一内容ではない、②氏の変更に付随する不利益も「人格的利益」として考慮されるにとどまる、③本件規定それ自体は差別的取り扱いを定めた規定ではない、④夫婦同氏強制は婚姻の自由を直接制約するものではない、として、憲法第一三条、一四条一項、二四条一項に違反しないとしました[19]。

このうち、憲法第一三条にかかる①の論点について小山教授は、まず、「氏の変更と人格権」について検討し、「本判決は、家族性の側面を重視し、人格権的構成を退けているが、氏に家族性があり、自分の変動に伴い氏が変わりうることは、権利論的構成それ自体を退ける理由にはならず、制約の正当化を容認する要素ではあっても、制約という性質自体を変えるものではないであろう」と批判しています。また、「氏が法に従い、身分に応じて変動するものであるとしても、氏の決定と氏の変更は、別に考える余地がある。既得の氏を変更するルールには、より高度の正当化が要求されよう」としています。

②の婚姻の自由の論点についても、「本判決は、本件規定が『婚姻の効力の一つ』を定めたものであり、『婚姻をすることについての直接の制約を定めたものではない』とするが、婚氏決定は、婚姻届が受理され、法律婚が成立する前提条件である。また、夫婦同氏の強制は、婚姻それ自体に本質的に内在するものではなく〔現に、〔選択的〕夫婦別氏制を採用する国が多数存在する〕、家族を他者から識別するという、社会的・外在的な要請による。そうであれば、憲法上の婚姻の自由に対する下位法による制約と観念した方がむしろ素直であろう」と指摘しています。

民法第七五〇条が婚姻の自由という憲法上の自由を制約していることを認めるべきである、という率直な批判論であるといえます。

さらに、上記の小山教授の見解を引用している江藤准教授も、「氏が一定の法制度を前提にすることはそのとおりであるとしても、そのことから直ちに憲法上の権利の内容が民法により規律されることにはならないはずだからである」と指摘しています。

前述のように、「憲法の意味する家族の形を曖昧にしたまま、単に民法上の氏の呼称としての意義を強調するだけでは、憲法論としては不十分である」と指摘します。「逆に言えば、今回権利性を否定したことは、家族の呼称以上の実質的論拠を論ずる最高裁の自信のなさの裏返しともとれる」というのです。さらに、最高裁判決は、氏を改めることで被る不利益を、「憲法上直接保障されたとまではいえない『人格的利益』にすぎないとしています。しかし、本判決自身も述べるとおり、氏の変更によって被る不利益は『アイデンティティの喪失』に結びつく以上、これを利益レベルに格下げするには、それ相応の理由が必要なはずであるが、この点も明確には示されていない」と江藤准教授は批判します。

ここでは、本判決は、「法制度や身分関係を根拠とする議論を展開しているが、その内実は明確ではなく、氏の変更に関する人格権の権利性を否定する論拠としては不十分といえる」のであり、利益レベルに格下げするには根拠が不明確であると、一蹴されています。

（E）グローバル人権論からの批判——山元一の評論

『法律時報』二〇一六年三月号の法律時評として刊行された論評[20]（山元一「国憲的思惟V・トランスナショナル人権法源論」ジェンダー法学会編『ジェンダーと法』一三号）では、婚外子相続差別訴訟最高裁判決に関する憲法学の評価（ドメスティックな視角）と自己のトランスナショナル人権法源論の視角とを対照させて論じ、二〇一五年の「夫婦同姓強制規定合憲判決」法廷意見では、グローバル化世界に目を閉ざしたドメスティックな傾向が際立つことを批判しています。このような評論は、婚外子相続分差別規定最高裁違憲決定に関する日本憲法学の傾向を批判する観点から提起されていたもので[21]、グローバルな国際人権論の展開に期待をかける新たな憲法学として貴重であると同時に、ドメスティックな法論理の枠内においてさえ、法理論上でなおも課題を多く含んでいることも無視しえません。憲法学からの憲法一三条、一四条、二四条に関する理解をはじめ、判例理論の進展を望む前提としての理論的論究が不足している現状を直視し、論点をさらに精査することが必要でしょう。

（F）司法積極主義からの評価——大林啓吾の評論[22]

アメリカの憲法訴訟論を研究テーマとする大林啓吾教授は、再婚禁止期間違憲判決によって過去一五年間に五件の法令違憲判決が出されたことを司法積極主義的の側面と解して評価しています。夫婦別姓訴訟についても、憲法二四条の趣旨や要請について詳細な判断を行い、「婚姻を直截制約しない場合でも制度設計に関する立法裁量に一定の歯止めをかけた」点は、「積極的な憲法判断を行ったという意味での司法積極主義に該当」すると指摘します。とくに、従来から国賠請求訴訟による憲法訴訟は立法行為の違憲判断のハードルが高く「憲法訴訟に不向きな感があった」のに対して、今後は「法令違憲を争う際の主軸になる可能性もあり、憲法訴訟のあり方に影響をもたらすことになる」ため、この意味でも、二〇一五年一二月の両判決が、「憲法訴訟の転機になる可能性を秘めている」と指摘しています。

4-4 世論調査

①内閣府二〇一四年一二月調査では、選択的夫婦別姓に、「賛成」三五・五%、「反対」三六・四%、女性二〇代「賛成」五三・三%、「反対」一六・一%、三〇代「賛成」四八・一%、「反対」一六・一%でした。

②朝日新聞社二〇一五年一一月七・八日調査では、選択的夫婦別姓に「賛成」五二%、「反対」三四%、夫婦別姓を選べるようになると家族の結びつきが弱まるという意見に対して「そうは思わない」五七%、「その通りだ」三五%でした。

③早稲田大学棚村研究室、市民団体「選択的夫婦別姓・全国陳情アクション」等の調査（二〇二〇年一一月、六〇代以下七〇〇〇人調査）では、①「自分は夫婦同姓がよい。他の夫婦は同姓でも別姓でも構わない」三五・九%で、②「自分は夫婦別姓が選べるとよい」三四・七%と、法改正（選択的別姓制）賛成派が七割に上りました。これに対して、③「自分は夫婦同姓がよい。他の夫婦も同姓であるべきだ」は一四・四%のみでした。

4-5 二〇二一（令和三）年六月二三日最高裁決定[23]

二〇二一年六月二三日最高裁大法廷決定は、婚姻の自由や憲法二四条の立法裁量の限界について具体的には検討を行わずに二〇一五年判決の結論を形式的に踏襲して抗告棄却としました。ここでは二〇一五年以降の状況変化は判例変更にするための「事情変更」にはあたらないとしましたが、私見では、学界の解釈論や世論の動向など、立法事実に重大な変化が認められるため、今後も憲法適合性と条約適合性の司法審査結果を明確にすべきであると考えます。

また、四九頁にわたる最高裁大法廷決定文中、多数意見約一頁、補足意見五頁だけで、違憲論にたつ個別意見が約四三頁を占めていることは異常であり、合憲論の論拠が殆ど明示されない内容には驚きを禁じ得ないところです。とくに、①三浦裁判官の意見（約一〇・五頁）、②宮崎・宇賀裁判官の共同反対意見（約二六・五頁）、③草加裁判官の反対意見（約六・五頁）は、いずれも詳細かつ優れた内容で、理論的にも今後の判例や憲法学説、訴訟当事者にとって指針になるべき違憲判断であると考えます。とくに②では憲法二四条違反を理由に原決定を破棄して婚姻届出の受理を求めている点は重大であるため、以下で個別意見について検討しておきましょう。

（1）三浦裁判官意見は、結論において多数意見に賛同するけれども、本件各規定に係る婚姻の要件について、法が夫婦別氏の選択肢を設けていないことが憲法二四条違反と考えており、違憲論の論拠を明確にしている点で重要です。ここでは（i）「婚姻の際に氏を改めることは、……個人の人格の象徴を喪失する感情をもたらすなど重大な不利益を生じさせ得ることは明らかである。したがって、婚姻前の氏を維持することに係る利益は、それが憲法上の権利として保障されるか否かの点は措くとしても、個人の重要な人格的利益ということができる」として、婚姻前の氏の維持が重要な人格的利益であることを明確にしました。（ⅱ）憲法二四条一項が婚姻は両当事者の合意のみに基づいて成立する旨を明記していることを考え併せると「法律が、婚姻の成立について、両当事者の合意以外に、不合理な要件を定めることは、違憲の問題を生じさせる」。（ⅲ）「本件各規定に係る婚姻の要件について、法が夫婦別氏の選択肢を設けていないこと、すなわち、国会がこの選択肢を定めるために所要の措置を執っていないことは、憲法二四条の規定に違反する」としました。しかし（ⅳ）「本件各規定について、上記の違憲の問題があるとしても、婚姻の要件として夫婦別氏の選択肢に関する法の定めがないことに変わりはない。」ため、「一つの選択肢に限定する部分については違憲無効であるというにしても」それを超えて、他の選択肢に係る婚姻の効力及び届書の記載事項が当然に加えられると解することには無理がある（一七頁）」としています。（ⅳ）の点で他の反対意見と異なることになります。

（2）宮崎・宇賀反対意見は、（ⅰ）憲法二四条一項違反の点について、「憲法二四条一項の「夫婦が同等の権利を有することを基本として」との規定部分における「権利」には、人格権（人格的利益を含む。）も当然含まれる。……かかる「権利」について、……一方のみが享有し他方が享有しないという不平等な扱いを禁じたものと解するのが、婚姻について特にこの規定が設けられた趣旨に沿う。……抗告人らに対して単一の氏の記載（夫婦同氏）を婚姻届の受理要件とするという制約を課すことは、……婚姻をするについての直接の制約に当たる（一九―二二頁）」と断じました。

（ⅱ）同反対意見では、二〇一五年判決が氏を名から切り離して論じた点についても、「氏に関する人格権は法制度をまって初めて具体的に捉えられるものである」とした点についても見解を異にしており、夫婦同氏制に例外を設けていないことを違憲とする点では、〔同判決における〕木内道祥裁判官の意見と趣旨を同じくしています。「氏名に関する人格的利益の由来、性質を明らかにした上で、夫婦同氏を婚姻成立の要件とするという本件各規定によって課されている制約に合理性があるか、公共の福祉による制限として正当性があるかが問われなければならない（二五頁）」と指摘します。

（ⅲ）憲法二四条一項違反の点では、生来の氏を称することを希望する者に対して、「夫婦に同氏を強制し婚姻届に単一の氏の記載を義務づける点で、憲法二四条一項の趣旨に反する（二九頁）」と明言しました。

（ⅳ）憲法二四条二項違反についても、夫婦同氏制を定める民法七五〇条を含む本件各規定の制約は、「夫婦同氏を婚姻成立の要件とすることは、当事者の婚姻をするについての意思決定に対する不当な国家介入に当たるから、本件各規定はその限度で憲法二四条一項の趣旨に反する」。したがって、その限度で、「憲法二四条二項の個人の尊厳と両性の本質的平等に立脚した法律とはいえず、立法裁量を逸脱しており、違憲といわざるを得ない（三一頁）」と結論しました。

（ⅴ）女性差別撤廃条約については、同反対意見は、民法七五〇条等の条約適合性審査を直接行うのではなく、憲法二四条適合性審査における立法事実論として展開したことが注目されます。また、同反対意見では、「女子差別撤廃条約に基づいて夫婦同氏制の法改正を要請する三度目の正式勧告を平成二八年に受けたという事実は夫婦同氏制が国会の立法裁量の範囲を超えるものであることを強く推認させる（三六頁）」と指摘し、同条約一六条一項（g）の「夫婦の平等と同一の個人的権利」の確保が、日本国憲法一三条、一四条一項、二四条二項においても基礎とされている人権尊重と平等原則として国際的に普遍性のある理念に基礎を置くものであることを明確に論じています（三九頁）。「裁判所においては、女子差別撤廃条約に締約国に対する法的拘束力があることを踏まえて、この事実を本件の判断において考慮すべきである（四一頁）」と明示していることは、きわめて重要です。

（vi）これらの観点から、同反対意見では、「本件各規定により夫婦に同氏を強制し婚姻届に単一の氏の記載を義務付ける部分が違憲無効ということになれば、本件処分は根拠規定を欠く違法な処分となり、……本件婚姻届についても……届出の日付での受理を命ずる審判をすべきことになる」として、二〇〇六年の国籍法違憲判決と同様、救済の段階にまで進みました。

このように、宮崎・宇賀反対意見は、多数意見・補足意見の論理をはるかに超えた明快な論理的思考方法と救済に及ぶ結論を提示しており、今後の下級審や憲法学説等の指針となることは疑いがないように思われます。この点で今後の最高裁の判決・決定においても、ここで示された道筋に沿って論求されることが期待されます。

（3）草野裁判官意見は、宮崎・宇賀反対意見と同様、本件各規定は憲法二四条違反といわざるを得ないため、原決定を破棄し、抗告人らの受理を命ずるべきであるとしました。その理由として、

（i）平成二七年大法廷判決によれば、憲法一三・一四条一項に反しない場合に、憲法二四条に適合するか否かは、国会の立法裁量の範囲を超えるか否かという観点から判断すべきであり、その判断に

当たっては「現行の夫婦同氏制に代わるものとして最も有力に唱えられている法制度である選択的夫婦別氏制を導入することによって向上する国民各位の福利とそれによって減少する国民各位の福利を比較衡量することが有用である」としています（四二頁）。

（ii）上記の観点から比較衡量を行う場合、①婚姻する当事者、②子の福利、③親族の福利にわけて分析し、衡量する。その結果、①選択的夫婦別氏制を採用すれば、別氏希望者、同氏希望者いずれの希望も満たされることから「婚姻両当事者の福利の総和が増大することはあっても減少することはあり得ないはずである（四六頁）」。②別氏夫婦の子には、家族の一体感の減少などの一定の福利の減少をもたらすことは否定し難いが、制度導入後別氏夫婦が多数輩出されるようになれば、子の福利の減少が「子の人権又はこれに準ずる利益といえない限り」、夫婦自身の福利と子の福利をいかに斟酌するかについては、親（夫婦）の裁量に委ねることが相当である（四七頁）。③婚姻当事者の福利は親族の福利よりも優先的に考えられてしかるべき（四八頁）としました。

（iii）以上の考察から、「選択的夫婦別氏制を導入することによって向上する国民の福利は、同制度を導入することによって減少する国民の福利よりもはるかに大きいことが明白であり、……選択的夫婦別氏制を導入しないことは、余りにも個人の尊厳をないがしろにする所為であり、もはや国会の立法裁量の範囲を超えるほどに合理性を欠いているといわざるを得ず、本件各規定は、憲法二四条に違反していると断ずるほかはない」（四九頁）としました。

草野反対意見は、国民各位の福利を比較衡量するという独特の手法によって、選択的夫婦別氏制を導入しない立法裁量の不作為を違憲として救済を求めた点で注目すべきものです。勿論、現行規定の違憲性を払しょくする方法もしくは上記ＬＲＡ（本書一六三頁参照）原則に照らして、より制限の小さい制度が選択的夫婦別氏制に限定されるものかどうかという観点からの再検討の必要もあると思われるため、今後の研究の進展を期待したいと思います。

以上のように、二〇二一（令和三）年最高裁大法廷決定では、法的安定性への配慮からか、事情変更や立法事実の変更を容易に認めないという態度を鮮明にして二〇一五年判決を踏襲しました。しかし、上述のように多数意見の内容が決定文四九頁中わずかに一頁余りで全体の九五％以上を違憲判断が占めるという異例の内容となりました。

この大法廷決定では、最高裁が抗告人の主張に対する応答義務を殆ど果たしていないという形式面での不備だけでなく、論理的にも説得力を欠く内容になっています。この点では、本稿でみたように、違憲判断を示した意見と反対意見、とくに宮崎・宇賀裁判官の反対意見の論理性と説得性が際立っていることは否定できないように思われます。

本稿でみた憲法学説の展開、とくに、憲法一三条論と二四条一項・二項論を基底に置いた私見をはじめとする多くの学説の現状からして、今後の訴訟においても、宮崎・宇賀裁判官の反対意見等で展開された憲法判断がさらに深められることが期待されます。

4-6 憲法理論的課題

二〇一五年の最高裁判決多数意見については、これまでの判例理論との継続性や、「新しい人権」・

国家賠償を容認することによる他の裁判への影響等を考えれば、論理的には、「理解」ないし予測できる内容の判決だったと思います。しかし、最終的には、立法裁量論によって家族に関する法制度を、人権に優先しました。まさに、近代までの、制度、公序としての家族という伝統的考え方を引きついでいるといえます。

これに対して、上告代理人が主張した内容は、憲法第一三条の「新しい人権」論や、第一四条の間接差別論など、理論的にも最前線の、新しく優れた内容でしたので、今回、最初の最高裁判決で、大法廷多数意見が認めたら、司法界がパニックになったほどの高いレベルの上告理由書だったと思います。

そのおかげで、最高裁で違憲判断をした裁判官があと三人多くなれば（女性裁判官がせめて三割、五人いれば）結論も変わったわけですので、今後の方向性は見えていると思います。木内、山浦裁判官の論理が司法界を変えるためにも大きな影響を与えると思いますので、私の方では、次は、憲法一四条論、間接差別・実質的差別論が多数意見で採用される状況まで、憲法学界等の通説を変えることが役目だと思っています。

（a）婚姻の自由

民法第七三三条（再婚禁止期間規定）および第七五〇条（夫婦同氏強制規定）との関係では、婚姻の自由（婚姻する権利）が重要であり、憲法学説では憲法第二四条一項および第一三条によって保障されていると解されます。「何人も、自己の意に反する配偶者との婚姻を強制されず、また婚姻の成立にあたっては、当事者本人以外の第三者の意思によって妨げられない」自由として理解されてきましたが、国家との関係でも、仮に、国家が婚姻を一切禁止する法律や意に反する婚姻を強制する法律を制定した場合に、ほぼ異論なく憲法違反と解されるであろうことを想起すれば、婚姻の自由自体を、憲法上の権利と解するとしても問題はないと思われます。

（b）氏の変更を強制されない権利

民法第七五〇条の夫婦同氏強制との関係では、氏に関する利益と「人格権」、婚姻の際の「氏の変更を強制されない権利（自由）」が問題となります。二〇一五年判決において、最高裁大法廷は、「氏に関する上記人格権の内容も、憲法上一義的に捉えられるべきものではなく、憲法の趣旨を踏まえつつ定められる法制度をまって初めて具体的に捉えられるもの」と解しました。ここでも「制度優先思考」に対して疑問が提起されます。本来、制度は人権の制約として許される範囲で制定されなければならず、人権が制度によって限界づけられるという発想は本末転倒のそしりを免れないからです。

氏名権を新しい人権として保障すべきことについては、第1章の「新しい人権」のところで触れた通りですので、参照してください（本書第1章三六頁以下参照）。

5　今後の課題と同性婚訴訟

個人という観点からみた場合、現代では、性的指向の問題や、性別変更の問題など、家族形成にも関連する問題が沢山あります。
ここでは、LGBT問題について簡単に指摘することにします。

LGBTについては、関心を持たれる方も多いと思いますが、性的指向（セクシュアルオリエンテーション）の問題として、LGBの権利が問題となります。

ここに記したように、さまざまなパターンがあるのに対して、異性愛のみが、あたかも「正常」と考えられ、偏見や差別から様々な問題が起こっている状況です。企業や大学などでも、ようやく最近、ダイヴァーシティの観点から取り組みが始められています。

5-1　LGBTをめぐる問題

(1) トランスジェンダーの権利保護

LGBTないしLGBTQ等の定義や分類については、すでに第1章（四八頁以下）で概観しました。近年の人権問題として、トランスジェンダー（TG）の権利保護の問題が重要です。従来は性同一性障害者（GID）と呼ばれていたものが、最近では性別違和（GD）と呼ばれるようになりました。FtM（出生時に割りあてられた性が女性で、性自認が男性）、MtF（出生時の性が男性で性自認が女性）の両者がありますが、性別決定方法が相対的で、絶対的ではない（出生時の外性器の形状により医師等が視診で決定する際、外性器が典型的形状でない場合には、検査等で届出を保留するものの、非典型の場合は誤診がありうること）もすでに指摘しました（本書四八-四九頁参照）。

トランスジェンダーについては、二〇〇四年施行「性同一性障害者の性別の取扱いの特例に関する法律」（特例法）の第三条（性別取扱い変更の審判）の合憲性をめぐって訴訟があり、③現に未成年の子がいないこと（子なし要件）や、④生殖腺の除去と、⑤新たな性別の性器に近似する外観形成（手術要件）について、疑問が提起されています。これについては、二〇二一年一一月三〇日に最高裁（第三小法廷）で性同一性障害特例法が未成年の子がいないことを性別変更の要件に定める点を合憲として特別抗告を棄却決定していますが、宇賀裁判官の反対意見は違憲判断でした。憲法学的な課題が残っていますので、今後の展開が注目されます。

（2）パートナーシップ制度、同性婚、LGBT法案の問題

二〇二二年一〇月までに世界三二か国で同性婚が法的に認められており[24]、結婚や家族が国家のためでもなく、人口政策のためでもなく、個人の幸福のためのものであることが明らかにされています。

諸外国では、このような同性婚を容認するほか、パートナーシップ登録をしたり、すでに第3章（一三二頁以下）で検討したフランスのように婚姻とは異なる（パクス）市民連帯契約という制度を構築したりしているのも周知の通りです。

このような制度（公序）としての家族から契約としての家族、あるいは、個人の幸福追求権を実現する共同生活空間としての家族へという展開は、世界各国で認められています。

日本では、二〇一五年から、東京都の渋谷区や世田谷区などで、証明書を発行して、マンションを借りる際などの便宜を図る、という政策が行われていますが、条例によるものであり、今後は、法律

によって、全国的に、パートナーシップ登録ができる段階に進んでゆく必要があると思います。二〇二二年一〇月現在二四〇以上の自治体でこの制度が導入されています。東京都も二〇二二年五月に制度化し、同年一〇月一一日から受付を開始しています。

このような制度化の前提には、憲法第二四条や民法の「両性」「夫婦／夫・妻」という用語の解釈が拡大され、「同性婚は想定外」としつつも、憲法上で同性婚は禁じてない、という解釈が多数になりつつあるという現状があります。しかし、社会全体では、LGBTへの嫌悪感・抵抗感が男性・高齢者ほど高いことが知られており、家庭、学校、地域、職場での差別によって暴力が容認されることが危惧されています。

同性婚の他、①パートナーシップ制度の法定化、②LGBT「理解増進」法制定（LGBT差別は許されない旨の法定）制定など多くの立法的課題があり、それらをクリヤーしていない日本では同性婚法制定を先行させるのは難しいため、①②と並行して議論することが有効と思われます。

この点では、②が二〇二二年六月に自民党保守派の反対によって実現されなかったことが重要です。反対論の根拠が、訴訟の増加であったことを考えても、①②の立法を促す立法不作為違憲訴訟等が有効です。②の法案を自民党が提出しないことを決めた背景には、保守派や宗教団体の圧力の他、総選挙前の対立の争点化を恐れたこと、憲法第二四条改正をめざしているという事情があるようです。

（3）同性婚判決の展開

日本の同性婚訴訟は、二〇一九年二月一四日に立法不作為に対する国家賠償請求訴訟（「結婚の自由をすべての人に」訴訟）として一斉に提起されました（慰謝料一〇〇万円を請求して、全国五地裁に六件が係属しました）。

最初の二〇二一（令和三）年三月一七日札幌地裁判決は、同性カップルが「婚姻によって生じる法的効果」を享受できない点で憲法第一四条の平等原則違反を認定しましたが、憲法第一三条・二四条には反しないと解し、国賠請求は棄却しました。

また、二〇二二（令和四）年六月二〇日大阪地裁判決では、憲法第一三・一四・二四条のいずれにも反しないとして合憲判決を下し、請求を棄却しました。

二〇二二（令和四）年一一月三〇日の東京地裁判決は、請求棄却でしたが、現状を憲法第二四条違反する「違憲状態」と解した点で注目されます。

これに対して最高裁は、別件の同年三月二一日の最高裁第二小法廷決定では同性の「事実婚」に法的保護認めて上告棄却しましたが、上記の同性婚訴訟に関する判断はまだ行っていない状態です。

原告らは、憲法違反の理由として、①婚姻の自由の侵害（憲法第二四条一項）、②平等原則違反（憲法第一四条一項）、③「個人の尊厳」の侵害（憲法第二四条二項、立法裁量の逸脱、立法不作為）を主張しています[25]。

これに対する国の反論は、①婚姻制度の目的について「民法の婚姻制度の目的が一般に生どもを産み育てながら、共同生活を送るという関係に対して、法的保護を与えることにある」として「生殖保護目的」と解される主張を行い、②憲法第二四条一項の文言（「両性」）が文言上「男女」をあらわすことは明らかであるから憲法は同性婚を想定しないとして、憲法第二四条一項に反せず、「同性婚について異性間の婚姻と同程度に保障しなければならないことを命じるものではない」と主張しました。③憲法第一四条一項の点も、憲法第二四条一項が同性間の婚姻を保障していない以上、憲法第一四条一項違反の問題は生じ得ないとするものです。

札幌地裁・大阪地裁・東京地裁判決の判断の異同は、次頁の図表4-3のとおりです。

（A）二〇二一年三月一七日札幌地裁判決では、憲法一四条違反として初の違憲判断を下して注目されました。

札幌地裁は「本件規定が、異性愛者に対しては婚姻という制度を利用する機会を提供しているにもかかわらず、同性愛者に対しては、婚姻によって生じる法的効果の一部ですらもこれを享受する法的手段を提供しないとしていることは、……立法府の裁量権の範囲を超えたものであるといわざるを得ず、本件区別取扱いは、その限度で合理的根拠を欠く差別取扱いに当たると解さざるを得ない」と明確に述べたため、結論的には合憲判決であったとしても、立法府は憲法違反の状態を除外する義務を負うといわざるを得ないでしょう。

（B）二〇二二年六月一〇日の大阪地裁判決は、合憲判決でした。憲法第一四条違反の点で札幌地裁と大阪地裁の判断が分かれるほか、大阪地裁判決は現行制度以外の形態を許容しているのに対して、原告が現行婚姻制度への参入を求めている点で異なっています。私見では、フランスのパクス（市民連帯契約）のような中間的な事実婚のような形態をパートナーシップ制度と同様に保障すべきではないかと考えます。

（C）二〇二二年一一月三〇日の東京地裁判決は、結果的には、すべての争点で合憲の判断にいたって請求を棄却しています。しかし現状に対する評価の中で、「法制度が存在しないことは重大な脅威で、個人の尊厳に照らして合理的理由はない」として、憲法第二四条二項に反する「違憲状態」との判断を示したことから、重要な意味をもちました。

札幌地裁と東京地裁判決で、憲法違反ないし憲法違反状態の判決が出された以上、立法府の対応が求められます。二〇二三年六月までに残る二つの地裁で判決が予定されているため（名古屋地裁二〇二三年五月三〇日、福岡地裁二〇二三年六月九日）、五つの判決の動向が注目されます。

図表4−3　同性婚判決の異同

争点	原告の主張	A札幌地裁 二〇二一・三・一七	B大阪地裁 二〇二二・六・二〇	C東京地裁 二〇二二・一一・三〇	(D)別件、最高裁（大法廷）二〇一五・一二・一六
(1)憲法13条	違憲	合憲	合憲	合憲	（合憲）人格的利益のみ保障
(2)憲法14条	違憲	違憲	合憲	合憲	（合憲）形式的平等論
(3)(4)憲法24条1・2項	違憲	合憲	合憲	違憲状態	（合憲）制度優先思考
(5)国家賠償法1条	違法	合法	合法	合法	合法
(6)婚姻制度	現行法律婚制度	現行法律婚制度	別制度も承認？	同性の事実婚の利益も承認	

なお、憲法学界では、近年では、第二四条の「両性」等の文理解釈を拡大しており、同性婚も禁止していないという許容説（但し要請はしていない）が大多数であるようにみえます。

今後の憲法解釈論上の論点については、争点として、⑴憲法第一三条違反（個人の尊重、婚姻の自由、幸福追求権の侵害、家族形成に関する自己決定権の侵害）を認めるかどうかが問題となります。

この点、家族＝公序ではなく、幸福追求の場と解する立場からすれば、一三条違反論は成立しうる、という判断が可能です（私見は憲法第一三条違反もありうるという立場です）。ただし、性的指向にしたがって婚姻する権利・自由が、憲法的権利として確立されているかどうかで、判断が分かれます。佐藤幸治説の段階論に従えば、法的権利にはなっておらず、背景的権利の段階と解する立場もありうると考えられます。

この点、最高裁二〇一五（平成二七）判決（D）は、婚姻の自由を憲法的権利としていないため、札幌地裁は、最高裁に依拠しつつ、憲法第一三条違反を言わないでいい解決（第一四条違反）を見出したといえます。しかし、最高裁も、婚姻することの利益は認めており、第一三条違反としうると考えます。札幌地裁判決も、「一三条の解釈のみから導き出すことは困難」（判旨一八頁二七行）としており、「同性愛者のカップルに対する一切の法的保護を否定する理由となるものとはいえない」（同二六頁一七行）として、憲法第二四条の趣旨などを援用しているため、憲法第一三条合憲説にも疑問は残ります。最高裁の論法によれば、憲法上の人格権とは認めないが人格的利益は認めるため、この人格的利益を害する現行の法制は許されないためです。この点を、上記東京地裁判決は「違憲状態」と述べたことから注目されました。

⑵憲法第一四条違反の点では、憲法第一四条一項後段列挙事由に性的指向が明示されてないとしても、これは重要な要素であり、婚姻の利益の享受に関して差別を認める論理は妥当です。札幌地裁「本件規定が、異性愛者に対しては婚姻という制度を利用する機会を提供しているにもかかわらず、同性愛者に対しては、婚姻によって生じる法的効果の一部ですらもこれを享受する法的手段を提供しないとしていることは、……立法府の裁量権の範囲を超えたものであるといわざるを得ず、本件区別取扱いは、その限度で合理的根拠を欠く差別取扱いに当たると解さざるを得ない」としたことは重要です。ただし、人権論としては、「権利の平等」であるかぎり、権利の内容に無関心ではいられないはずですので、争点①が問題になります。そこで、札幌地裁は、「婚姻することにより、婚姻によって生じる法的効果を享受する権利（法的利益）」を問題として、この法的利益に関する差別と解した（一三頁七行）わけですので、結局、平等原理を適用する場合の基礎になる権利としては、婚姻の効果を享受する自由・権利（いわば婚姻の自由）になるはずです。この権利は、第一四条からは出てこないので、第一三条、二四条と関連付けるしかないのではないか、と考えます。

⑶憲法第二四条一項違反の争点については、婚姻の自由が第二四条一項で保障されていると解する立場では、違憲の主張は可能です（私見）。ただし、札幌地裁のように、婚姻の自由が憲法第二四条一項で保障されていないと考えれば、合憲になりうると考えますが、その場合も上記②の疑問が残るところです。

⑷憲法第二四条二項違反の点は、憲法上は「個人の尊厳と両性の平等に適した制度」が要請されているものの、同性婚がここに入るかどうかは、議論があるところです。世界的動向等、立法事実論に

より、個人の尊厳に反すると解するとすれば、同性婚を禁止若しくは不許可にしている現状を、立法裁量の逸脱と捉えて違憲と解することは可能かつ有効でしょう（私見）。

⑸国家賠償の認定の争点については、国賠法第一条と憲法違反を分化する現在の二分論（違憲合法論）には、私見では反対です。私見では、従来の判例が採用している二分論（違憲合法論すなわち「違憲だけれども、国会の行為が違法なわけではない」と、分けて考える方法）には再検討の余地があり、本来は「違憲違法論」が筋である、と考えます。ただし、最高裁判例が長期にわたって、この二分論を採用しているため、立法不作為の国賠認定まで認めさせるのは困難です。

札幌地裁は、「国会が正当な理由なく長期にわたってその改廃等の立法措置を怠る場合などにおいては、国会議員の立法過程における行動が上記職務上の法的義務に違反したものとして、例外的に、その立法不作為は、国家賠償法一条一項の規定の適用上違法の評価を受ける」ことが判例であるところ、同性カップルの権利が認められるようになったのは近年のことであり、国家賠償までは認められないとしています。この判例理論は、現状では変更されにくいということだと思われます。

6　まとめ

最後に、本章で検討した家族の問題に戻って、まとめておきます。

これまで、戦後七〇年の日本の憲法政治や社会の変動を念頭に置きながら、家族や個人の在り方について考えてきました。

夫婦別姓訴訟などでは、保守派は、夫婦が別姓になると家族制度が崩れると考えるのですが、そうでしょうか。それよりも、「個人が大事と考えるか、制度が大事と考えるか」という問題について、日本は憲法制定の時に個人の方を重視する憲法規定を採用したのですが、実際には、制度を重視する考えが根強く、個人中心の考え方に変わりきってない、ということだと思います。

この意味では、日本の戦後七〇年では、憲法第一三条が掲げた個人の尊重を核とする人権の観念自体が定着していないといえるでしょう。

婚外子の相続差別分違憲決定がでたのは二〇一三年で、戦後六八年後のことです。少なくとも一九八九年に締結（一九九〇年発効）後、日本が一九九四年に批准した子どもの権利条約（児童権利条約）の批准以後は、子供の人権や個人の尊重原則に照らして不合理な差別であるといわれ続けていたのですが、一九九六年の民法改正草案要綱で見直されたにもかかわらず、それから二〇年近くたった二〇一三年にようやく違憲になったものです。

「この国は時間がかかりすぎますね」という言葉をよく聞きますが、なぜ方針通り進まないのか。背景には、保守派による「法律婚の尊重」の考え方があったわけです。

法律婚以外の事実婚や、シングル・マザーなどの個人の生き方を認めず、法律の一つの枠にはめようとする、法律婚尊重主義が民法第七五〇条の運用にも現れ、夫婦のどちらの氏を選んでもいいにもかかわらず、九六%が夫を選ぶという構造が定着してきました。

婚外子の比率（二〇二〇年度・OECD調査結果[26]）も、日本では、二・四%ですが、欧米では、五〇%以上の国が沢山あります。フランス六二・二%、スウェーデン五五・三%、ベルギー五二・四%、イギリス四四・〇％、アメリカ四〇・五％ですが、これらの国では、日本の保守派がいうように、家族制度が崩壊しているわけではありません。

婚外子が五〇％を超えていても、立派に家族や個人が成り立って生活しています。子供を平等に扱って個人を尊重しても、氏が夫婦や親子間で違っても、家族関係は変わらない、ということがいえると思います。

日本の場合は、政治の面で、反個人主義の保守政党が一九五五年以降憲法改正を目指して政権運営をして解釈改憲を進めてきたこと、その背景に保守派議員と宗教法人とのかかわり等があったことなども明らかになりつつありますが、こうした「政治」のあり方が、社会の人権意識にも影響していると思います。

最高裁が、民法第七三三条の規定を一部憲法違反としたのにつづき、民法第七三一条も改正されて婚姻適齢も一八歳に統一され、刑法第一七七条（強姦罪の規定）などもようやく二〇一九年に改正されました。ただ、民法第七五〇条の夫婦同氏原則など、まだまだ明治時代に制定された諸法律の見直しは十分ではありません。一九四七年制定の皇室典範も男系男子主義を定めていますが、これまで改正されずに残っています。

民法第七五〇条については、本章でみたように多くの訴訟で争われてきましたし、国連の女性差別撤廃委員会なども、一九九〇年代から相次いで改正の勧告を出す形で指摘しています。

民法第七七二条（嫡出推定制度）の見直しは十分ではないにせよ、それに係る第七七四条（嫡出否認の訴え）が改正されて妻からの訴えも認められることになり、離婚後三〇〇日以内にうまれた子も再婚後であれば後婚の男性の嫡出子と認める内容の民法改正が、二〇二二年一二月一〇日に成立しました。遅々とした歩みではありますが、自民党以外の政党や最高裁がこれを容認している選択的夫婦別姓制導入、そのための民法第七五〇条も、近く改正が実現されると思われるところまでやって来ました。日本国憲法第二四条を実現する方向での国民の期待が高いことに反して、他方では自民党保守派から第二四条の改憲案も出てきています。今後は、個人の尊重原理の下で、家族制度の改革がすすめられるように、様々な場面で闘っていかなければならないと思っています。

何より、戦後七五年以上たって、家制度も廃止されて、憲法で、戦前とは異なる人権尊重原理の下で家族を個人主義的な方向で新たに築いてゆくべきだったはずですが、今は、まだ、少数者の人権、女性の人権や、氏の変更を強制されない権利など、人格権や個人の尊重という価値観を共有することも道半ばである、ということが、わかったような気がします。

このような意思決定過程の男女共同参画の遅れや、民主主義の後進性が、家族制度を含め男女共同参画の実現を阻んでおり、憲法七五年たっても、憲法第一三条・一四条・二四条の保障が定着せず、そのための意識改革ができない状態を生んだといえます。

一九九六年の法制審議会で民法改正草案要綱が出されてから、三〇年近くたっても実現できないままであるという現実からしても、二〇一五年の最高裁判決で一五人中五人だけしか違憲判断を示さなかった状態からしても、今はまだ「道半ば」というより「三分の一」しか進んでない段階だといえるのかもしれません。

政治面での男女共同参画（ジェンダー平等）推進をはじめ、社会全体の性別役割分業構造の改革や性別役割分担意識の改革が喫緊の課題です。

注

1　各国の憲法規定と家族モデルについては、辻村みよ子『憲法と家族』日本加除出版（二〇一五年）第1章、一―二〇頁、および辻村著作集第五巻『家族と憲法――国家・社会・個人と法』信山社（二〇二二年）二二―三三頁、七三―九一頁参照。訳文は、条約等は外務省訳、各国憲法は初宿＝辻村編『新解説世界憲法集（第五版）』三省堂（二〇二〇年）等による。

2　ベアテ・シロタ・ゴードン（平岡訳）『一九四五年のクリスマス』柏書房（一九九五年）参照。

3　憲法第二四条の制定過程は、辻村前掲注（1）『憲法と家族』七九頁以下、著作集第五巻『家族と憲法』九二頁以下参照。

4　辻村前掲注（1）『憲法と家族』二一〇頁以下参照。

5　詳細は、辻村前掲注（1）『憲法と家族』二四六頁以下、著作集第五巻二三六頁以下参照。

6　詳細は、https://sentakuteki.qloba.com/　参照。

7　辻村みよ子「最高裁宛意見書」辻村前掲注（1）著作集第五巻二九〇―三二〇頁参照。

8　概要は、辻村「憲法と姓：民法七五〇条違憲論の諸相」浅倉むつ子＝二宮周平責任編集『ジェンダー法研究第八号』信山社（二〇二一年）（辻村前掲注（1）著作集第五巻『家族と憲法』三三二頁以下所収）参照。

9　江藤祥平「判批１０４６」行政判例研究「自治研究九四巻五号）一三〇頁。

10　高橋和之「夫婦別姓訴訟――同氏強制合憲判決にみられる最高裁の思考様式」世界八七九号（二〇一六年三月号）岩波書店、一三八―一五〇頁。

11　高橋前掲注（10）一四一頁。多数意見を形成した全員男性の裁判官が、女性の怒りと痛みの本質をどこまで理解していたか、という点にはジェンダー・バイアスについての理解が求められるが、憲法学界や法学界全体では、いまだ浸透していない。

12　小山剛「判批」ジュリスト一五〇五号（重判平成二八年度憲法七）二二頁。

13　江藤前掲注（9）一三三頁。

14 蟻川恒正「家族への法的介入と憲法——夫婦同氏強制を素材として」法律時報九〇巻一一号（二〇一八年一〇月号）一〇–一七頁（①）。ほかに高橋＝佐藤＝棟居＝蟻川「座談会＝憲法六〇年——現状と展望」ジュリスト一三三四号（二〇〇七頁）二頁、二四–二六頁（蟻川発言）、蟻川「夫婦同氏制の合憲性」民法判例百選Ⅲ（第二版）二〇一八年三月、一四–一五頁（②）も参照。

15 木村草太「夫婦同姓合憲判決の意味——何の区別が問題なのか？」『自由と正義』六七巻七号「憲法リレートーク三六」（二〇一六年）一一〇–一一七頁。

16 木村「最高裁は選択的夫婦別姓に理解を示している」VIDEO NEWS（http://www.videonews.com/）ニュース・コメンタリー（二〇一五年一二月一九日）。

17 辻村みよ子『憲法と家族』日本加除出版（二〇一六年四月）二四六–二八一頁参照。

18 蟻川前掲注（14）①②参照。

19 小山剛前掲注（12）ジュリスト一五〇五号、一二一–一二三頁参照。

20 山元一「トランスナショナルとドメスティックの間で揺れる最高裁」法律時報八八巻三号（二〇一六年）一–三頁。

21 山元一「『国憲的思惟』vs.『トランスナショナル人権法源論』」ジェンダー法学会編『ジェンダーと法』一三号（二〇一六年）二三頁以下参照。

22 大林啓吾「憲法訴訟の転機と司法積極主義の機材——契機としての再婚禁止期間違憲訴訟と夫婦別姓訴訟」法律時報八八巻七号（二〇一六年）六六–七一頁。

23 二〇二一（令和三）年六月二三日最高裁大法廷決定、裁判所ウェブサイト一九–二二頁、判例タイムズ一四八八号九四頁参照。

24 オランダ（二〇〇〇年）の後、ベルギー、スペイン、カナダ、南アフリカ、ノルウェー、スウェーデン、ポルトガル、アイスランド、アルゼンチン、デンマーク、ブラジル、フランス、ウルグアイ、ニュージーランド、英国、ルクセンブルク、米国、アイルランド、コロンビア、フィンランド、マルタ、ドイツ、オーストラリア、オーストリア、台湾、エクアドル、マルタ、モナコ、モンテネグロの順に容認された。

25 訴訟代理人の論稿として、加藤丈晴「同性間の婚姻をめぐる日本初の憲法判断と残された課題」日弁連編『自由と正義』七四巻二号（二〇二三年二月号）二四一三〇頁参照。

26 OECD, Family database, Share of births outside of marriage, SF2,4, https://www.oecd.org/els/family/SF_2_4_Share_births_outside_marriage.pdf 参照。

パリテ通信　第5回

「愛の悲劇」ではなく、フェミサイド

フェミサイドという言葉がある。英語のFemicideのカナ表記である。女性を示すfemi-と殺すことを意味する接尾語-cideからなり、元々は文字通り「女性を殺すこと」を指す。しかし現代では、それにとどまらず、女性であることを理由とした女性や少女の殺人の憎悪犯罪的性格を浮き上がらせるために使われる概念でもある。

フランスでは、フェミサイドではなく、フェミニサイド（Féminicide、仏語の発音はフェミニシド）という言葉を用いることが一般的である。「フェミニサイド」には、一九九〇年代にラテンアメリカのフェミニストが、女性の大量殺害、国家犯罪としての女性殺害を告発するために、スペイン語のFeminicidoという言葉を用いるようになったという背景があるようだ。つまり、フェミサイドとフェミニサイドは、厳密には歴史の異なる段階で出現した言葉である。[1] ここでは、相対的にだが一番普及しているように見えるフェミサイドの語を、以下フランスの文脈でも使うことにする。

WHOの定義

世界保健機関（WHO）は、フェミサイドとは、女性のあらゆる形態の殺害を指す場合もあるとしつつ、「女性や少女を女性であるがゆえに殺すことと」定義している。[2] さらにWHOによれば、「フェミサイドを犯すのは通常男性であり、時には家族の一員である女性も関与する。フェミサイドは、男性が殺害される殺人と異なる特徴を持つ。例えば、ほとんどのケースで、パートナーや元パートナーによる殺害であること、そして継続的な家庭での虐待、脅迫、威嚇、または性暴力、もしくは女性がパートナーほどには権力やリソースを持っていない状況が関わっている」という。

フェミサイドの視点

このフェミサイドという視点をとると、いわゆる「三面記事」的な事件もまったく違った見え方をしてくるのである。性犯罪に続く殺人、さらに「恋愛感情のもつれ」などと形容される女性殺害がそうであるように、女性が被害者となる殺人の多くが、このフェミサイドの性格を持っていることに、普通は気が付くだろう。そしておそらく慄然とするはずである。女であることで、低い賃金しか得られない可能性や性犯罪に遭う可能性が高いというだけでも十分過酷なのに、ましてや日常生活を送るだけで他者に命を奪われやすいかもしれないということが示唆されているのだからだ。

日本では二〇一九年に、家庭裁判所内で、女性が離婚調停中の夫に刺殺されるという事件[3]が発生し、個人的には大変衝撃を受けた。しかし目にした報道は、そのフェミサイド的性質に焦点を当ててはおらず、暗然としたことを記憶している。

仏メディアの中のフェミサイド

近年フランスメディアでは、このフェミサイドの語が多用される。DV殺人があれば、それは必ずと言っていいほど「フェミサイド」の語を用いて語られる。昨年の報道の例を挙げると、五月に仏南西部ボルドー郊外で、DVで保護観察中だった元夫が元妻を通りで生きたまま焼き殺した事件。そして一月にパリで二九歳の女性が絞殺されて発見され、被疑者は現役警察官たる夫で、一カ月の逃走の後逮捕されたというインパクトの強い事件が起きている。さらにこの警察官は、女性を殺害する以前に、配偶者への暴力で拘束されていたというから、DV対策の機能不全として社会にショックを与えた。こうした事件はフェミサイドとして報じられている。

少し遡って、二〇一六年に仏東部のブザンソンに留学していた日本人女子学生が行方不明となった事件も、もちろんこの話題に関係がある。この女性の遺体は発見されていないが、チリ人の元交際相手が謀殺で起訴され、一審で有罪となった（控訴中）。公判では、訴訟参加した遺族側の弁護士が、やはり「フェミサイド」に言及している[4]。

もう一つ大きな関心を呼んだ事件を挙げると、やはり仏東部で二〇一七年に、三〇代の女性が行方不明になった後、体の一部が焼かれた状態で森で発見されたというものがある。当初ジョギング中に何者かに殺害されたと思われたが、その後、遺族としてメディアに露出していた夫の犯行が発覚するという経過をたどる。夫側の弁護士は、殺された女性が、「夫の性的不能を責めるような威圧的な性格」であったことを強調するなどして、世論の被告への同情を誘うことに成功する。このような被害者バッシングが、この事件のフェミサイドとしての性格を逆照射する結果となり、象徴的なケースとなった。

名づけられないものは存在できない。これらの犯罪は名づけられて相互に関連付けられるようになった、と言える。

カウントすることの重要性

「愛の悲劇」などとしてセンセーショナルに煽られ忘れ去られていく、これらの「惨事」に共通の名を与え、カウントすることが、その広がりや深刻さを認識させるための一歩である。

「フェミサイド」という言葉は使われていないが、フランスではDV殺人についての調査が、二〇〇六年から存在している。仏内務省が、「カップル内での暴力による死についての全国調査」の名目で、パートナーや元パートナーによって殺された人、関連して殺された子どもについての情報を収集し、毎年公開する。これは、暴力によって引き起こされた「死亡」についての調査であり、殺人未遂は別に集計される。各部局へのアンケートにより事件の背景もある程度明らかにされている点に特徴がある。これによると二〇二一年にパートナー（元を含む、以下も同じ）によって殺された人の数は、一四三人で、このうちの八五％にあたる一二二人が女性である。そして加害者の八六％が、男性である。[5]

また、このように一年に一度だけ発表される公的な統計にとどまらず、リアルタイムのカウントの試みもある。こうした試みの創始者は、二〇一六年からボランティアで情報を収集し、パートナーによって殺された女性の数などをリアルタイムで公開しているfeminicides.fr[6]であろう。ボランティアが一日八時間かけて海外県も含めた全国の地方紙をチェックし、パートナーによって女性が殺された事件を洗い出し、その後の捜査の進展についても追跡している。

このような試みは、パートナーによって女性が殺される事件を「情痴」事件としてメディアに消費させず、かつ一年に一度だけ発表される統計上の単なる数字としても扱わせない、という意図がある。feminicides.frには、被害者の顔写真と殺害の経緯が一人一人について記されており、かなり真に迫ってくる。

別のフェミニスト組織の「ヌ・トゥット」（Nous toutes、「私たちすべての女性」の意）は、feminicides.frと袂を分かち、二〇二二年初頭からパートナーによって殺害された女性だけでなく、すべての「ジェンダーを理由とした」女性の殺害を数えている。[7] フェミサイドが、カップルの中外を問わずに起きる連続体的現象であると考えればもっともではある。しかし、この場合どこまでを「ジェンダーを理由とした殺害」としてカウントするかは難しい判断となろう。

ラテンアメリカでは、フェミサイドを特別の犯罪として定める国もあるようだが、フランスではその具体的な動きはなさそうである。すでに、配偶者間の殺人・暴行は普通殺人・暴行よりも重く処罰されることが定められているほか、何らかの犯罪が性別を含む事由に対する憎悪に基づいている場合も重く処罰される。フェミサイド概念の導入、そしてそのリアルタイムの集計は、法的な観点というよりも、人々の意識や視点を変えさせることを意図している。

日本での調査

翻って日本を見てみると、事件報道でのフェミサイドの視点は、ほとんど不在であると言わざるを得ない。そしてフェミサイドに関連しそうな統計についても、気になることが色々ある。

まず仏内務省の統計のように、殺人未遂を別集計にした上で、傷害致死の算入など暴力によって実際に死に至った人数を明示することが、フェミサイドの広がりと深刻さを探るうえで必要であろう。そして死が引き起こされるまでの背景（例えば先行した暴力の有無など）も調査に含めて公表してほしい。上述のフランス内務省の被害者専門組織は、毎年6カ月間かけてそのような調査を行っている。

二〇二〇年のデータをもとに立憲民主党が公開した計算では、検挙された全殺人のうちで（元）配偶者・恋人に殺された人の割合を女性と男性で比較すると、前者は後者の二・五倍となっている。[8] 親密な関係において女性が殺されやすいということになる。これは公表されている『犯罪白書』だけからは分からない数値であるということであり、やはり特化した統計の必要性を感じる。

また日本では、配偶者間の傷害・暴行では圧倒的に女性被害者の割合が大きいのに、殺人となると男女の差がかなり縮小するという現象がある。[9] これは何を意味するのだろうか。配偶者の暴力に耐えかねた女性が加害者に転じるという事例があることも指摘される。[10] ちなみに上記の feminicide.fr では、女性パートナーによって殺された男性の数も集計しており、そのうち正当防衛にあたりそうな事例の数も明らかにしている（二〇二二年末で一四件中六件）。

そして日本の殺人の件数は諸外国と比較して低いレベルにあるのだが、女性被害者の割合は世界でも最も高い。[11] これはそもそも何を意味するのだろうか。フェミサイドという視点で切り込まなければならない闇は、やはりあるように思うのである。

注

1 Féminicide : nommer le crime pour pouvoir le combattre, CNRS Le Journal

2 “Understanding and addressing violence against women Femicide”

3 朝日新聞デジタル版二〇一九年三月二〇日

4 “Tout mène à Nicolas Zepeda dans la mort de Narumi Kurosaki” : l'avocat général requiert la perpétuité, France Bleu, 22/04/2022

5 Étude nationale sur les morts violentes au sein du couple 2021

6 https://www.feminicides.fr/

7 https://www.noustoutes.org/comprendre-les-chiffres/ フェミサイドのカウント方法によるフェミニスト組織間の分裂は、トランスジェンダーの問題が発端となっている。feminicides.frはトランス女性を考慮しておらず、トランス嫌悪的であると批判されたのだが、これはカウントを開始してから6年の間にパートナーに殺されたトランス女性がいなかったということのようである。しかし「ヌ・トゥット」は、この間のやり取りの結果、feminicides.frをトランス嫌悪的であると判断して連携を停止、独自に集計することにした。Le Monde“Le collectif Nous toutes se désolidarise du compte Féminicides par compagnons ou ex”, le 6/01/2022

8 https://cdp-japan.jp/campaign/gender_equality/fact/009

9 https://www.gender.go.jp/about_danjo/whitepaper/r03/zentai/html/zuhyo/zuhyo01-07-02.html

10 辻村みよ子＝糠塚康江＝谷田川知恵『概説ジェンダーと人権』（信山社、二〇二一年）二〇七-二〇八頁［谷田川執筆］

11 UNDOC, Global study on homicide 2013, pp.54-55

（二〇二二年一二月一七日脱稿）

第5章　日仏の比較からみた日本の課題

1　日本におけるジェンダー平等の現状と「遅れ」の原因

1-1　日本における女性の権利の展開[1]

日本での展開を見ると、日本も明治時代期の自由民権期に西洋の思想が入ってきて、その中で男女平等論が展開されてゆきます。すでに第1章（二六頁）でみたように、フランス人権宣言は、ジブスケというフランス人通訳による口訳が出回っていましたし、中江兆民が一七九三年憲法（ジャコバン憲法）の人権宣言を訳した翻訳が日本でも出されていました。農民の間でも自由民権思想を勉強して、埼玉県の村で千葉卓三郎が五日市草案を書きますが、そこには欧米の人権思想が基礎になっていました。植木枝盛が男女平等思想を説いて高知で実践し、高知県では早くから女性の参政権が認められていました（後述）。

ところが、明治政府は自由民権運動を徹底的に弾圧しました。そのため、女性は参政権を待たず、演説会の傍聴にも行ってはいけない、もちろん主催もしてはいけない、政党にも入れないという法律が制定されたのです。

これに対して、大正デモクラシーの時代から女性参政権運動が起こってきます。新婦人協会などが中心となって、「婦選なくして普選なし」（女性の選挙権なくして普通選挙制はない）というキャッチフレーズで、市川房枝が中心になって議論しました。議会で反対論を述べた藤村男爵の言葉も明らかになっています（後述、本書二一九頁参照）。「女性が選挙権を持つというのは生理的に申しても、心理的に申しても、自然の理法に反している」、「政治運動は女子の本分ではない。女子の本分は家庭にあります」と述べて、政治的な発言がしたければ夫に話をして、夫の選挙権に反映させなさいという議論をしていました。これは、ヨーロッパでも皆同じです。ここでは「女性の権利否定の普遍性」があると考えられます。世界各国で同じような議論をしているということです。今でも、例えば女性は政治よりも他のことに関心があって、ネクタイの柄しか見ていないと言う政治家がいて問題になったりしますが、フランスの歴史を見ていても、一九二〇年代に社会党の党首が同じようなことを言いました。「女は政治よりもネクタイの柄のほうに関心がある」、あるいは「女性の手は投票箱に投票するためにあるのではなくて、男性にキスをされるためにあるのだ」と、そのような発言が出てきて、世界中で同じようなことを言っているのだなと分かります。

フランスと同じように、日本の場合も明治憲法下で女性の権利の制約がありました。

（年表）

一八六八年　明治維新・西欧文化の導入・模範国の選択

一八七四－一八八四年頃　自由民権運動、土佐で女性参政権実施

一八八九年　大日本帝国憲法・制限選挙
一八九〇年　集会及政社法（女性の政治活動禁止）、治安警察法
一八九八年　明治民法（民法、妻の無能力）
一九一一年　平塚らいてふ「青鞜」
一九一八-一九年　母性保護運動、一九一九年-　新婦人協会（婦選運動）
一九二五年　男子普通選挙制
一九三二年　大日本国防婦人会
一九三七年　国家総動員法
一九三九-四五年　第二次世界大戦
一九四五年　女性参政権確立
一九四六年　四月八日帝国議会衆議院選挙　三九人（八％）の女性議員誕生
一九四六年　日本国憲法制定、一九四七年民法改正
一九八〇年　女性差別撤廃条約署名（一九八五年批准）
一九九九年　男女共同参画社会基本法
～二〇二一年　下院女性議員九・九％

1-2　女性参政権運動の展開

（1）自由民権期

植木枝盛は、「男女平等ニ就キテノ事」（一八七九年）を著して以来、民権運動の挫折後も民法制定に関して発言を続けるなど、男女同権論の展開に重要な役割を果たしました。植木が始動した土佐では、一八七七（明治一〇）年夏には、演説会場にすでに「婦女席」が設けられ、女性も熱心に参加していました。その常連の一人で「民権ばあさん」と呼ばれた楠瀬喜多は、未亡人で戸主として納税していたにもかかわらず参政権がないことを不満として、区会議員選挙の選挙権を要求していました。彼女が実際に投票しようとしたところ、戸長によって拒まれたため、「納税ノ儀ニ付御指令願ノ事」（一八七八年九月一六日付）を県庁に提出して男性の戸主との差別を糾弾しました。この文書が「大坂日報」（一八七九年一月二六日）に掲載されて注目されることになり、その後、上町と小高坂村で女性参政権が実現したのです。県令の裁定条項が女性を除外したため、児島稔・坂本南海男らが三カ月にわたる執拗な運動を展開し、同年九月に女性の選挙権・被選挙権を認めた裁定を出させるにいたりました。当時土佐を留守にしていた植木枝盛は、「高知新聞」（一八八一年八月三一日）に「男女同権ハ海南ノ某一隅ヨリ始ル」と題する論説を発表し、「土佐国小高阪村村会幷《ならび》ニ上町町会ノ如キハ早ク已ニ世界ニ先ンジテ男女同権ノ実ヲ行ヒ地球ノ上ニ在テ男女同権ノ魁《さきがけ》ヲ為セリ……」としてこれを讃えました。

これに対して、一八八八年の市町村制や一八八九年の衆議院議員選挙法のなかで女性が選挙権から排除され、一八九〇年の集会及政社法によって女性の政治活動が禁止されました。そして、このような集会及政社法による女性の政治活動の禁止（政談演説の傍聴・主催の禁止、および政党加入の禁止）は、一九〇〇（明治三三）年の治安警察法第五条に引き継がれたのです。

（2）大正デモクラシー期

一九二一年三月二六日の貴族院での可決寸前に反対論を展開して劇的に女性参政権法案を否決に導いた藤村男爵の演説は、理論的にも興味深いものです。藤村義朗が指摘したのは、「第一にそれは生理的から申しても心理的から申しても、自然の理法に反して居る。次には……此の政治上の運動を男子と共に彼是活動すると云ふことは、女子の本分ではない。女子の本分は家庭にある、教育乃至社会的の事業にあると思ふのであります」という女性の特性論と本分（天職）論・性別役割分業論でした。これに対して、市川房枝が「藤村男爵は本気ではあるまい」という一文を寄せて「世の識者から笑われ攻撃されるであろう」と「保守的な暴論」を批判し、翌年には彼も賛成に転じた経緯があります[2]。

さらに、その後、一九二三年に婦人参政権同盟（のち婦選獲得同盟）が結成され、女性の参政権・公民権・結社権の獲得をめざして組織が整備されました。一九二五年に男子普通選挙が実現されたのですが、女性については時期尚早論が優勢であったことから、漸進主義的に市町村会の公民権から実現してゆくための婦人公民権法案が審議されました。一九三一年には、制限的な婦人公民権案が衆議院を通過しましたが、各方面からの反対にあって貴族院で否決された経過があり、検討に値する賛否両論が提示されていたのです。

すなわち、一九三〇年の婦人公民権案審議（衆議院）の場面では、市町村での公民権付与に賛成の末松偕一郎が、当時の賛成論と反対論を要約して論じていました。その反対論の第一は、純理論（智的・体力的・道徳的不平等などの男女不平等論と、「最も有力なる反対論」としての男女分業すなわち天職論）、第二は実益論（夫や父と同じ投票になり実益がない、棄権者が多いなど）であり、前者について、ここでも特性論と性別役割分業論が指摘されていました。もっとも、別の場面（委員会）では、賛成論者の末松自身が、「兎角反対論者が女子に選挙権被選挙権を与へると、女子が家庭を疎かにして政治運動の為に飛び廻るかの如く考へる其誤解から生ずる議論が多いのでありまして、数年間に一回か或は一年間に一回位の投票をやると云ふことに依って性能の根本問題に憂い抱くことは全く杞憂である……」と述べていました。[3]

このような女性の家庭責任や性別役割分業を前提にした公民権論は、フランス革命期にコンドルセが展開した議論と全く類似のものでした。すでにみたように（本書五八頁参照）コンドルセも次のように述べていました。

「女性を家事から引き離すことは、農夫を鋤から職人を仕事場から引き離すと同様できないことである。……かくして、女性が国民議会の議員になりうるからといって女性がすぐに子供や家事や裁縫を放りだすと考えてはならない。女性ほど、子供を育て人間を鍛えあげるのに適したものはいない」[4]

と反論していたのです。

日本の末松とコンドルセの言葉との類似性に驚かされます。

以上のように、西欧の女性解放思想に学びつつ、女性の権利や男女同権を要求した論理として、男女の本質的平等論のほか効用論（女性が政治に参加することによる社会的・経済的利益を増進させるという議論）などが主張され、西欧と共通した論点が認められます。これについて、日本の「婦選」反対論のなかにどれだけ西欧との共通性、あるいは「女性の権利否認の論理」の普遍性があり、また、日本の特殊性が示されていたかが問題となります。その共通性については、フランスの「女性の権利否認論」と日本の帝国議会での「婦選」反対論を比較することによって、容易にそれを知ることができます。日本の特殊性については、家父長制の背景に天皇制があり、天皇を頂点とした日本型の天皇制家父長家族のような構造が出来上がっていたことが重要でしょう。[5]

他方、共通性、普遍性については、女性の権利要求論の中にさえ存在した女性の天職論・性別役割分業論は、古今東西を超えた強固なものであることが理解できます。一九七九年に国連で採択された女性差別撤廃条約が、東西・南北諸国の対立を超えた共通項として、性別役割分業論の克服という課題を重視したのもそのためです。

1−3　日本の現状と遅れの原因

（1）国際指標における日本の水準

日本のジェンダー平等は、先進国最低どころか、世界最低の水準に迫りつつあります。このことは世界経済フォーラムが公表したジェンダー・ギャップ指数（GGI）に示されています（図表5−1）。世界経済フォーラムのGGI（二〇二二年度）で日本は六五・〇点（一〇〇点満点換算）、一四六カ国中一一六位です。[6]とくに政治分野は昨年（一五六カ国中一四七位）と同様一桁の六・一点で、一四六カ国中一三九位とワーストテンであることに変わりはない状態です。もはや「先進国最下位」でなく「世界最下位」に近いといえます。

二〇二一年度では、女性国会（衆議院）議員比率九・七％、一九〇カ国中一六五位、ジェンダーギャップ指数は一五六カ国中一二〇位（政治分野一四七位、世界ワースト一〇）であり、二〇二二年

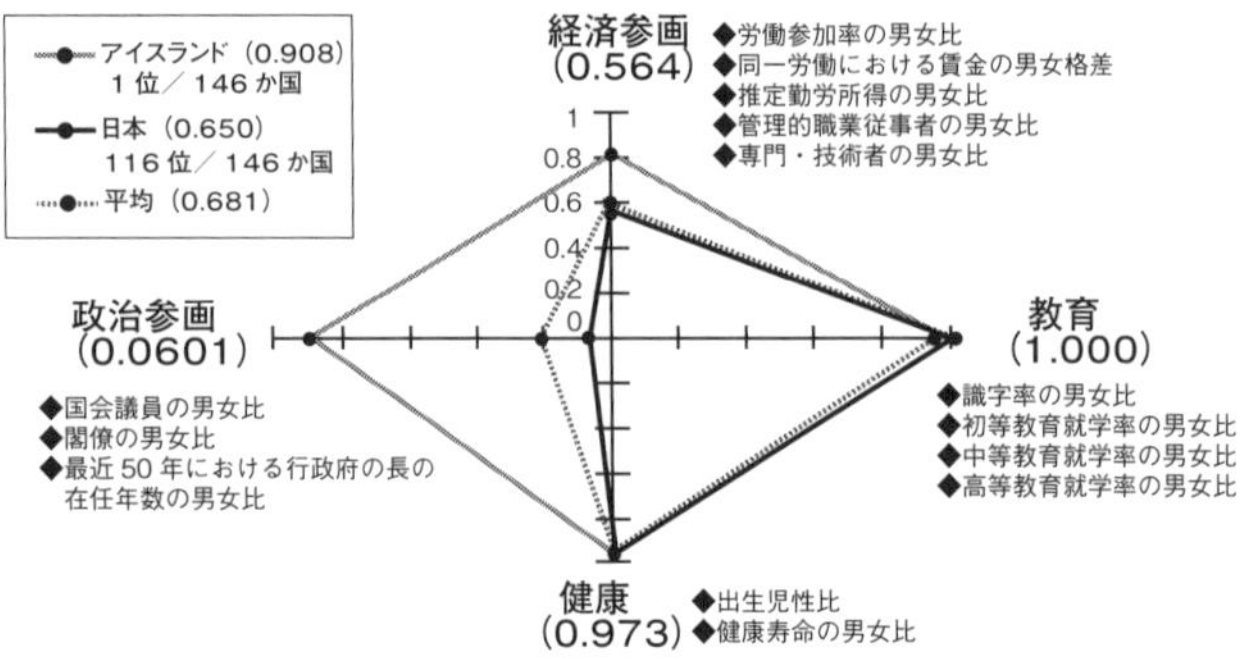

（備考）1. 世界経済フォーラム「グローバル・ジェンダー・ギャップ報告書（2022）」より作成
2. スコアが低い項目は太字で記載
3. 分野別の順位：経済（121位）、教育（1位）、健康（63位）、政治（139位）

図表5−1　世界経済フォーラムのジェンダー・ギャップ指数（GGI、2022）

（内閣府男女共同参画局「共同参画」2022年8月号12頁より引用）

では一四六カ国中一一六位でした。一二〇位から二六位になったので改善したようにみえますが、実際には調査国数が一〇カ国減ったことから、評価は下がっていることがわかります。

政治分野については、IPU「女性国会議員比率の世界ランキング」によれば、日本の衆議院議員の女性比率は、二〇二二年一二月一日現在、九・九％、世界一九〇カ国中一六五位です。[7]

参議院を加えた両院の女性比率は、日本は一四・四％ですが、七〇八名（四六四＋二四四名）中、一〇二名（四六＋五六名）であり、両院の世界平均は二六・四％、アジア平均二〇・九％（二〇二二年一二月一日現在）で、日本がアジアや世界の足を引っ張っている状態です。

日本では、二〇〇三年に男女共同参画推進本部で、「二〇二〇年までに、指導的地位の女性比率を三〇％に」という数値目標を定め、二〇〇五年に第二次男女共同参画計画を閣議決定して以来、「二〇二

「夫は外で働き、妻は家庭を護るべきである」という考え方に関する意識の変化

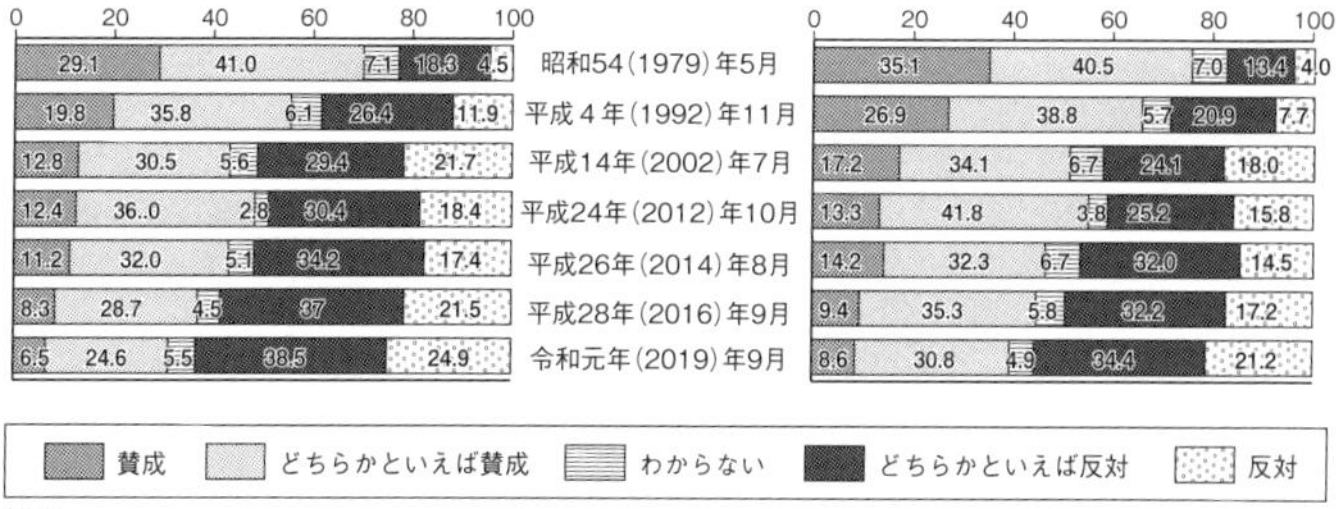

（備考）
1．総理府「婦人に関する世論調査」（昭和54（1979年）及び「男女平等に関する世論調査」（平成4（1992）年）、内閣府「男女共同参画社会に関する世論調査」（平成14（2002）年、24（2012）年、28（2016）年、令和元（2019）年）及び「女性の買う役推進に関する世論調査（稴(2014年）より作成。
2．平成26(2014)年以前の調査は20歳以上の者が対象。平姓(2016)年及び令和元(2019)年の調査は、18歳以上の者が対象。

図表５－２　性別役割分担について賛否を問う世論調査

（内閣府編『男女共同参画白書（令和4年版）』（2022年）2-16図参照）

https://www.gender.go.jp/about_danjo/whitepaper/r04/zentai/html/zuhyo/zuhyo02-16.html）

〇三〇」を目標にしてきました。三〇％の理由は、国連のナイロビ将来戦略勧告（一九九〇年）の目標値が二〇〇〇年までに三〇％とされたことによりますが、この割合は、少数派の意見が集団に反映されるための要件としてのクリティカル・マス（臨界質量）としても説明されてきたものです。

二〇二〇年に閣議決定した第五次基本計画では、二〇二〇年代の可能な限り早期に指導的地位に占める女性の割合が三〇％程度となるよう目指して取り組みを進めるとされています。

(2) 日本の「遅れ」の原因

日本の「遅れ」の原因の第一は、性別役割分担意識の変化が鈍いことが重要です。

「男は外、女は内」という性別役割分担についての賛否を問う世論調査では、一九七九年には、男女とも七〇-七六％が賛成だったのですが、二〇一九年でも、男性三九％、女性三一％程度賛成

があります。[8]反対が賛成を上回ったのは二〇一六年以降であることも、先進諸国と比べても特筆すべき特徴です。世界と比べると明らかに特徴的で、「夫は外で働き、妻は家庭を守るべき」などという質問自体がアナクロだといって批判されている状況です（図表5-2）。

また第二に、取り組みの遅れの原因として、クオータ制導入などの有効なポジティヴ・アクション（PA）の不足を指摘することができます。

このほかにも「遅れ」の原因はたくさんあります。原因は多様かつ深刻で、「永久凍土」のような社会全体の性別役割分業構造と金権政治・三バン（鞄・地盤・看板）選挙の悪弊、小選挙区制下の現職優先慣行、政財界のセクハラ体質など、枚挙に暇がないほどです。社会全体の意識改革にとって重要な学術・教育分野の男女格差も、又しかりです。

日本の女性研究者比率は二〇二〇年度で一六・九％にすぎず、一〇年間に三・三％しか上昇していないため、三〇％になるまでに四〇年もかかる計算です。

2　フランスのジェンダー平等の現状と展開

2-1　現状

フランスは、二〇二二年度ジェンダー・ギャップ指数（GGI二〇二二）では、世界一四六カ国中一五位（二〇二一年度一五六カ国中一六位）の位置にあります。[9]小選挙区制で選出される下院（国民議会）の女性議員比率は二〇二二年一二月一日現在三七・三％で世界三六位であり、[10]二〇〇〇年のパリテ法（「公職における男女平等参画促進法」[11]）の理念（男女同数原則）が定着した国として、諸外国から熱い視線を浴びています。

一九九〇年代まで女性国会議員比率が五・六％にすぎなかったフランスで、二〇〇〇年法の後、上記のように改善したのに対して、日本では、二〇二一年一〇月総選挙の結果、女性衆議院議員比率は前回より減らして九・七％であり、二〇二二年度のＧＧＩは前述のとおり一一六位、政治分野は一三九位（一四六カ国中ワースト一〇）という状況です[12]。

日本との比較において大いに注目されるパリテ法制の理念と課題[13]を明らかにすることが必要ですので本書では第２章で検討してきました。そして日仏の比較の結果、以下のように考えるに至りました。

（1）フランス社会全体を見渡せば、普遍主義と差異主義の対立は、イスラムのスカーフ許容問題、性業女性の職業の自由、代理出産の可否など、各方面でも問題になってきました。これらはリベラル・フェミニズムとラディカル・フェミニズム、エコロジカル・フェミニズムなど多様に分化された思潮間の対立として議論され、フェミニズムの分断を招いた課題ですが、フランスだけでなく世界各国にも共通するものです。

実際、家族の領域でも、「公序としての（近代）家族」から、男女平等と個人の尊重を根幹とする「個人の幸福追求の場」としての現代家族への展開が認められます。フランスではさらに進んで、二〇一三年に同性婚を合法化して以降、同性カップルによる養子縁組や親権行使（homoparentalité）が許容され、未婚女性や女性カップルによる生殖補助医療の利用までも認めるに至りました（二〇二一年八月法）。その後も、彼らによる新たな氏の創設や変更も認める方向で議論が進み、残るは男性カップルの代理出産利用の許容に踏み切るかどうか、というところまで来ているのが現状です（本書第3章参照）。

これらの二一世紀型家族・人権論への進展は、近い将来、必ずや日本でも議論される問題であり、ジェンダー平等を推進する際の重要課題に他ならないといえるでしょう。

上記の差異主義と普遍主義との対抗、および、前者を加味した普遍主義の修正（矯正型差異主義への移行）という課題は、広く現代憲法の平等原則やジェンダー平等（男女共同参画）政策全体に関わる問題です。

日本では、いまだ選挙時の性別（候補者）クオータ制さえも法制化されず訴訟にもなっていませんが、ポジティヴ・アクション（PA）ないしアファーマティヴ・アクション（AA）の合憲性や実質的平等をめぐる問題は、喫緊の憲法理論的課題です。

国立女子大の合憲性や都立高校男女別定員制、公立高校男女別学制の合憲性問題にも共通しており、近い将来、違憲訴訟が提起される可能性もあります。すでに訴訟が第三次まで展開されている民法第七五〇条（夫婦同氏強制規定）の合憲性と選択的夫婦別姓制をめぐる問題、さらに同性婚禁止の合憲性（本書第4章参照）、そのほか同性カップルの生殖補助医療の利用・代理懐胎の許容をめぐっても、憲法学上の判断が求められつつあります。

（2）これらの根底には、人権主体論や「個人の尊重」原理の理解、（選挙クオータ制の場合は）「半代表制」や主権論・民主主義論の展開などがあるため、従来の近代人権論・主権論の枠を超えた21世紀型憲法論の展開が待たれます。このためにも筆者が二一世紀初頭に提唱した「ジェンダー憲法学」や「ジェンダー人権論」の役割は、決して小さくないと思われます。

なお、筆者が「ジェンダー憲法学」や「ジェンダー人権論」を提唱した背景には、フェミニズム法学からジェンダー法学への展開がありました。それは単に（フェミニズム法学が女性のための学問であったように）ジェンダー視点から性平等を求める学問という偏狭なものではなく、普遍主義的近代人権論と国民主権論に関する従来の近代憲法学自体の再検討を求めるものです。実際、二〇〇三年前後に筆者が全国憲法研究会や日本公法学会で行った総会報告のテーマは、「近代人権論批判と憲法学」「近代憲法原理の再編と憲法学の課題」であり、主権の変容や人権の多様化等に対応して二一世紀憲法学を展望する大がかりな試論でした。国民（ナシオン）主権から人民（プープル）主権論をへて「市民主権」論を提唱する問題提起については本書では次項で概観しておきますが、これらの基礎理論のうえでジェンダー平等に直接関わる論点を検討する必要があると考えています。

革命期の二つの主権論・選挙権論や、日本の憲法学への影響について検討が必要です。日本の民主主義を活性化させるための国民主権原理の実現という課題についても考え、第2章で検討したパリテ法の問題や選挙制度の課題を明らかにすることも重要です。

フランスのパリテ政策や、第3章でみた同性婚法、「氏の選択」法などが、いずれも、大統領選挙の公約の中で論じられ、政権交代が実現される中で少しずつ社会に受け入れられてゆく経緯を確認できれば幸いです。人権もジェンダー平等も、いずれも民主主義の上になりたっているのです。

2－2　今後の課題

日本の今後の課題としては、①性別役割分業・分担意識の克服、②（男女の）長時間労働と雇用慣行の変革（働き方改革の必要）、③社会保障（家族手当等）における日本の欠陥など、多くの問題を指摘することができます。

そして最後に、④ポイントは「政治の力」――政権交代と民主主義の成熟度であると考えています。この点を示すために、フランス革命後二五〇年の間に一五個を超える憲法を制定し、何度も政権交代や革命を繰り返してきたフランス憲法史の概要を思いだしておきましょう。

また、フランスのジェンダー平等政策成功の基礎に、「人民主権」や「市民主権」の考えがあることも忘れてはなりません。そこで最後に、最近の日本の状況にあわせて、カウンター・デモクラシーの議論にも触れておきましょう。

3　社会の変容と民主主義――「二つの主権」論と「市民主権」への展開

3－1　フランスの国民主権原理の展開

すでに第2章でふれたように、フランスでは、大革命期に一七九一年憲法の国民（ナシオン）主権―純粋代表制―選挙権公務説―制限選挙制の系譜と、一七九三年憲法の人民（プープル）主権―「半代表制」・「半直接制」―選挙権権利説―普通選挙制の系譜の二つが成立し、後者の一七九三年憲法がフランス初の（男子のみの）普通選挙で選出された国民公会で制定され、初の人民投票で成立しながら、戦争状態であったことなどを理由に施行されずに終わりました（本書七九頁参照）。

その後は王政復古や二月革命、第二帝制などを経験する中で、第三共和制期に、「半代表制」・男子普通選挙制の確立によって、前者の国民（ナシオン）主権の系譜から、後者の人民（プープル）主権――「半代表制」・「半直接制」の系譜に展開し、二〇世紀の第四共和制（一九四六年憲法）・第五共和制（一九五八年憲法）によって、人民（プープル）主権・半直接制の憲法体制が確立されたといえます。現行一九五八年憲法第一一条では大統領の発案による人民投票が（一九九五年・二〇〇八年の憲法改正により）拡大されたほか、第七二条の一が二〇〇三年の憲法改正で新設されて、地方自治体での住民発案制と住民投票制が確立されています。ここでは、主権者人民とは、すべての市民のことであり、いわば「市民主権」が民主的に実施されつつあるといえます。フランス憲法事典では、憲法は市民の規範であり、「市民の、市民による、市民のための規範」でなければならないことが説明されています[14]。

3-2　日本国憲法の国民主権と市民の役割

一九四六年制定の日本国憲法でも国民主権の原則が基本原理の一つとなり、「国民が政治の主人公である」ことが原則となりました。しかし、「国民」とは誰のことか、「主権」とは何かと問い詰めると、答えは相当に難しいことが分かります。また昨今では、「市民主権」「地方主権」などの言葉があふれ、ＮＰＯの活動や住民投票など市民の政治・社会参画が活発になっています。このような市民のパワーを活用して、国民主権原理を活性化させることが期待されますが、「市民」の意味や国民主権原理との関係が十分に理論化されていないことも事実でしょう。

憲法学でも、従来は、国民主権原理の国民を「全国民」(抽象的・観念的な国籍保持者の全体)と捉える「全国民主体説」(フランスの「国民(ナシオン)主権」の理解)が通説でした。しかし、ここでは、政治的な意思をもたない乳幼児なども主権者に含めるため主権を自分で行使することができず、代表である議員や政治家に主権行使を委ねる代表理論(純粋代表制)と結びつくため、国民が主権者であるというのは建前にすぎないことになります。そこで、現代では、政治的意思決定をすることができる年齢に達した具体的な「市民」の総体としての「人民」を主権者として捉える「人民(プープル)主権」という解釈が有力になっています。[15] ここでは人民がみずから主権を行使できるため、人民投票など直接的な意思決定手段(半代表制や半直接制)も可能となり、国民主権を実効的にすることができます。また、このような「人民(プープル)主権」の考え方を基礎に、現代版の「人民主権」論として再構成したものが、私見の「市民主権」論です。[16] この考え方は、「市民」の構成員の拡大と主権行使手段の拡大等によって「市民」の政治参画を強化するための理論であるといえます。

「市民」の意味については、古典古代以来の原意としての、主権を行使し国家意思形成に参画する政治的市民(citoyen=politique)ないし公民という狭義の用法のほかに、市民運動やNGOなどの担い手として社会に参画する自律的個人としての、いわば社会的市民(citoyen=civil)という広義の用法を区別することができます。選挙や国民投票などの手段で、政治的な意思を決定する場合の「市民」は前者の政治的市民であり、「市民主権」論における主権主体はこれにあたります。具体的には、まず現行公職選挙法上の選挙資格年齢である一八歳以上の主権者です。二〇〇七年に成立した「日本国憲法の改正手続に関する法律（国民投票法）」で国民投票資格年齢を二〇歳から一八歳に引き下げたことから、二〇一五年の公職選挙法改正で選挙年齢も一八歳に引き下げられ、民法の成年齢も二〇一八年の民法改正で二〇歳から一八歳に引き下げられたものです（民法改正は二〇二二年四月から施行）。

このような主権者「市民」の主権行使の手段としては、選挙やレファレンダム（referendum、人民投票・住民投票）が重要となりますが、他にも投票価値平等の徹底、政治責任の追及、リコール制度、行政担当者や議員に対する報告制度の義務づけ、議員自体を命令的委任によって拘束する方法など、主権者市民が自分の主権を自分で行使して政治を自分の手に取り戻していくための制度が求められます。

現代では、世界各国で直接民主制の動きが高まり、レファレンダムが広く行われています。日本国憲法は、部分的であれ、第九五条・九六条で住民投票や国民投票などの直接的手続を導入しており「半直接制」を採用したものと解することができます。「半直接制」を前提に考察する場合、法律の改廃に関するレファレンダムについては、立法一般に決定型（裁可型）のレファレンダムを導入することは憲法第四一条の議会中心立法の原則からして認められない反面、決定型ではない諮問型・助言型レファレンダムの活用は十分可能と考えられます。その他、条約や行政の方針に対する世論調査的な意味をもつレファレンダムも憲法の建前から禁止されていないと考えられますが、発案権者が行政権力担当者である場合には、独裁的権力の強化を目的として信任作用を利用するプレビシット（plébiscite）の危険が高まることも考慮しておかなければなりません。

すなわち、住民投票や国民投票（レファレンダム）の功罪については各国で多くの議論がありますが、国民投票と住民投票に共通するデメリットとして下記の諸点が指摘できます。

①間接民主制との矛盾・抵触のほか、②プレビシットとして機能する危険が指摘されます。独裁者を正当化するために機能する危険については、ナポレオン三世やヒットラーなどが自己への信任投票のために利用した経験を想起するまでもなく、今日でも警戒の必要性は変わっていません。これに対しては、発案権を政治権力者に独占させずに主権者みずからが発案権を行使するイニシアティヴ制度や、主権者が政治権力者を更迭できるリコール制度等の責任追及手段、議会のコントロールと裁判所の違憲審査等の装置等を完備することで防止することができます。

③世論操作・誘導の危険（情報不足や主権者の分析能力の欠如等による世論操作の危険）があることは、レファレンダムを多用している国でもたえず指摘されており、これを克服する条件整備等が必要となります。とくに、情報の公開や住民の「知る権利」の保障、投票のための政治運動の自由化が前提となるため、投票誘致運動のあり方や資金の規制と公的補助の問題が課題となります。

このほか、住民投票に固有の問題点として、④住民投票の対象事項の制約の問題（憲法改正や条約締結あるいは全国レヴェルで問題となる一般的法律の制定・改廃を本来の対象としえないことや、少数者の人権侵害や個人の思想・良心の自由の侵害に通じる問題を除外すべきこと）、⑤住民投票結果の法的拘束力の問題（諮問型ないし助言型である限り、結果についての法的拘束力はなく助言的な問題提起にとどまらざるをえないこと）などがあります[17]。

以上のような諸論点は、今後、日本で国民投票や住民投票を実現していくうえで必ず克服しなければならない理論的・実践的課題であるといえます。プレビシットや世論操作の危険に陥ることのないように、発案方法や実施方法、運動や実施時期の制約条件の検討、審査・監督機構の構築、イニシアティヴ制度との併用や司法審査装置の確立などを検討することが課題となります。

4　今後の展望——日本におけるジェンダー平等とカウンター・デモクラシーの協働へ

4-1　カウンター・デモクラシーと選挙の関係

日本で、二〇一五年から首相官邸前で繰り広げられた原発再稼働反対の市民デモは、日本におけるカウンター・デモクラシーの出現を彷彿とさせるものでした。これは日本を再生する新たな起爆剤になりうるのか。また、カウンター・デモクラシーと、選挙に依拠する代表民主制との関係はどう捉えるべきなのか、問題になります。

カウンター・デモクラシーとは、二〇〇六年にフランスの歴史学者ピーエル・ロザンヴァロンがフランス語で出版した著書『カウンター・デモクラシー——不信の時代の政治』の英訳本タイトルに由来します[18]。それは、デモクラシーへの反対を意味するのではなく、従来の代表民主制とは異なる、もうひとつの「対抗的な」デモクラシーのことです。社会全体に拡散した間接的諸力からなるデモクラシーであり、選挙に依拠する民主制への不信に由来するものです。ここでは、代表民主制とカウンター・デモクラシーとは、対立的にではなく協調的・補完的に理解されなければならないもので、すなわち、選挙と選挙の間を、人民の監視（people-surveillant）、人民の拒否投票（peuple-veto）、人民の審判（peuple-juge）の三つの次元で埋め合わせることによって本来の選挙による人民の主権行使（peuple-electeur）を完全にする、という構図です。このような理解は、日本国憲法の国民主権原理を、フランス流の「人民（プープル）主権」、さらには、主権主体としての市民に注目して「市民主権」と解釈する筆者の立場とも通底しています。

かつてJ＝Jルソーが、「イギリス人が自由なのは、議員を選挙する間だけのことで、議員が選ばれるやいなや……人民は奴隷となり無に帰してしまう」と述べたように、主権行使の機会が選挙に限定されていた近代の純粋代表制のもとでは国民（ナシオン）主権は建前にすぎず、国民は実質的主権者たりえなかったのです。これに対して現代では、主権者と代表者との間の意思の一致をめざす「半代表制」や、直接民主制を部分的に取り入れた「半直接制」が採用されるようになり、国民主権原理も、「人民（プープル）主権」ないし「市民主権」として理解される傾向にあります。ここでは、主権者人民（市民）は、人民投票など直接民主制の手続や日常的な監視活動などを通して、選挙以外のときも、たえず主権を行使することが求められます。

但し、人民投票や住民投票がフランスなどの諸国のように憲法上の制度として常態化していない日本では、ロザンヴァロンのいう人民の監視や批判（拒否）行動は、より日常的なデモ行進や市民運動、インターネットを利用した意思表示、ＮＧＯの活動などによって「遠巻き」に行われることになるでしょう。これらの手段が、カウンター・デモクラシーとよばれる内容であり、反原発デモなどに示される昨今の市民主体の運動が注目された所以です。

このことを前提としたうえで、「政治と市民の共同決定」をめざすカウンター・デモクラシーの手段や課題（ポピュリズム、政治的無関心等）よりも、主権行使の両輪のうち（本家本元の）選挙について考察しましょう。それは、日本では、実は、ルソーが述べたような「選挙のときだけ主権者」というレヴェルにさえ達していないのではないか、と考えるからです。いうまでもなく、従来の選挙制度のもとで「投票価値の平等」が軽視され続け、民意が正確に反映されてこなかったことに起因します[19]。

4-2　ジェンダー平等との協働へ

ロザンヴァロンは、①選挙による代表民主制、②カウンター・デモクラシー、③政治による社会の制度化が、民主主義の実践の三つの柱を構成していると指摘し、現代の多元的制度を構想しています。このうち①では、主権原理上の人民（peuple-principe）を中心に据える政治的原理と、いわば社会的人民（peuple-société）による社会的原理をいかに一致させるかが問題となります。彼は、一九九〇年代からの参加民主主義や熟議民主主義の動向にその解決を見出すのですが、同時に議論の拡散等の不十分さをふまえて、二一世紀初頭の主要な作業として②のカウンター・デモクラシーの構築を重視するに至るのです。

ここでいう「二つの人民」は、すでにのべた（A）政治的市民（citoyen-politique）と（B）社会的市民（citoyen-civil）のそれに対応します。ここでいう「二つの市民」は、それぞれ、（A）本来の主権者としての政治的市民（有権者）を主体とする主権行使（選挙・人民投票など）と、（B）社会的市民を主体とするデモなど多様な市民運動の担い手となります。

すなわち、現行法制上の選挙資格を有する一八歳以上の市民を（A）の政治的市民、それよりも若い一五～一八歳くらいの中・高校生やNGOなどの団体をも含めた広範な主体を（B）の社会的市民と解する場合には、その範囲は後者のほうが広いのです。この両者の範囲は中心部分で重なり同心円を描きますが、カウンター・デモクラシーでは、両者の「協同」こそが重要になります。

実際に、日本と違って高校生のデモなどが当たり前になっているフランスでは、カウンター・デモクラシーの担い手を、選挙による代表民主制の担い手（有権者＝A）よりも広範囲に（Bとして）想定することが可能となります。この点で印象的だったのは、二〇一〇年秋にサルコジ大統領が推進した年金制度改革・定年制引き上げに反対して、全国の高校生が、連日街頭デモを繰り返した時のことです。高校生の隊列の末尾に「Parents［両親］」と書いたプラカードが続き、デモを企画した高校生の親たちが賛同して行進していた光景です。あくまでイニシアティヴは高校生側にあり、「わが子がこんなに熱心に取り組んでいるのに、親も漫然としてはいられない」と、親たちまでもが街頭に出ました。まさに「デモ好き」といわれる国民の民主的実践の光景でした。

翻って日本の若者は、校則や内申書との関係で政治活動を禁止・抑制されてきたためか、デモの経験もほとんどないのです。成人した大学生についてみても、Aの主権者市民（政治的市民）としての自覚も乏しく、Bの社会的市民にもなり得てないのが実情でしょう。女性団体の運動などを含め、市民運動のエンパワーメントが一朝一夕にできないことからしても、選挙資格年齢の一八歳への引き下げ後、真の意味での主権者教育によって、「担い手」を養成することも切実な課題でしょう。

そして主権者市民の活動の前提には、ジェンダー平等の確立がなければなりません。そのためにも、先にみたGGI二〇二二年の日本の政治分野の男女格差が、世界一四六カ国中の一三九位で、日本が世界ワーストテンにはいっていることを忘れることはできません(本書二二一頁参照)。

投票価値平等の徹底やポジティヴ・アクション(パリテやクオータ制導入など)による男女共同参画の推進、選挙資格年齢引下げ後の「主権者教育」などは、いずれも緊急の課題です。同時に、日本でカウンター・デモクラシーを実現するための前提的な処方箋に他ならないのです。

さらに、インターネットや街頭での意思表示、デモ行進を通じた政治参画を多くの市民が経験することは、政治を主権者市民の手に取り戻すために有益かつ不可欠の手段です。

この点で、日本社会には根深い「デモ暴徒論」が存在することも忘れてはならないでしょう。かなり前の判例ですが、東京都公安条例事件の一九六〇(昭和三五)年七月二〇日最高裁判決は、「〔集団行動は〕時に、昂奮、激昂の渦中に巻きこまれ、甚だしい場合には一瞬にして暴徒と化し……警察力を以ってしても如何ともし得ないような事態に発展する危険が存在すること、群集心理の法則と現実の経験に徴して明らかである」と述べていたのです。

このような短絡的な対応を慎み、憲法第二一条が保障する表現の自由や「市民主権」の実践によるカウンター・デモクラシーこそが、政治への信頼を取り戻すための希望であることを確信して、真摯に「主権者による、主権者のための」選挙改革や政治改革を推進すべき時であると考えます。

そして本書第2章で検討したフランスのパリテ政策は、その基礎に、上記のようなフランス革命期以降の、「国民(ナシオン)主権」から「人民(プープル)主権」・「市民主権」への展開のための運動があったことを忘れてはなりません。フランスのパリテ政策を推進した考え方は、まさに上記のような「市民主権」としての「人民（プープル）主権」であったということができます。ジェンダー平等をめざす「新しい人権」論やジェンダー平等を基礎とする「市民主権論」の展開が、人権侵害や不当な差別が温存された現代世界の惨状を救うことができることを確信して、日本国憲法下で「市民主権論」に支えられたジェンダー平等が進展することに期待したいと思います。

実際、本書で検討したフランスのパリテ、パクス、「氏の選択」政策などが進展したのも、次のようなクリージェルの考えに基礎づけられていたように思われます。クリージェルは、「人民主権、民主的な市民権は、その構成員の大多数が代表から遠ざけられている限り確立されない」[20]という考え方を基礎にして、男女平等な代表を確保するパリテを主張したのです。

パリテの理念に支えられたフランスのジェンダー平等政策は、民主主義、「市民主権」の上に成立しており、逆もまた真なのです。この点からも、今後の日本で、ジェンダー平等の進展が民主主義の真の確立に寄与できることを願っています。

注

1　辻村みよ子＝金城清子『女性の権利の歴史』岩波書店（一九九二年）九二頁以下、辻村『女性と人権』日本評論社（一九九七年）一三三頁以下、同『ジェンダーと人権』日本評論社（二〇〇八年）一四三頁以下参照。

2　辻村前掲注（1）『ジェンダーと人権』一五二頁、市川房枝編『日本婦人問題資料集成（第二巻、政治）』ドメス出版（一九七七年）一八七頁以下参照。

3　辻村前掲注（1）『ジェンダーと人権』153頁、市川編前掲注（2）三四二頁以下参照。

4　辻村前掲注（1）『ジェンダーと人権』五二頁、

Condorcet, "Sur l'admission des femmes au droits de cité",A.Soboul,dir.,*Les femmes dans la Révolution française*,t.2, no.25, pp.10-11.

5　辻村前掲注（1）『ジェンダーと人権』一五五頁参照。

6　世界経済フォーラムのジェンダー・ギャップ指数（GGI）二〇二二年版は、https://www3.weforum.org/docs/WEF_GGGR_2022pdf. 参照。日本の総合点（一〇〇点換算）は六五・〇（経済五六・四：一二一位、政治六・一：一三九位、健康九七・三：六三位、教育一〇〇：一位）である。

7　IPU:Inter-Parliamentary Union（https://data.ipu.org/women-ranking?month=12&year=2022）参照。

8　内閣府男女共同参画局『男女共同参画白書（令和四年版）』（二〇二二年）二–一六図参照。「夫は外で働き、妻は家庭を守るべきである」という考え方に対する意識変化を調査する設問である（本書二二八頁参照）。

9　世界経済フォーラム・前掲注（6）https://www3.weforum.org/docs/WEF_GGGR_2022pdf. 参照。フランスの総合点（一〇〇点換算）七九・一（経済七三・七：四〇位、政治四五・七：二〇位、健康九七・〇：八一位、教育一〇〇：一位）である。

10　前掲注（7）の二〇二二年一二月一日現在の調査結果は、https://data.ipu.org/women-ranking?month=12&year=2022 参照。二〇二二年六月総選挙前は三九・五％であった。

11　二〇〇〇年六月六日の法律 Loi tendant à favoriser l'égal accès des femmes et des hommes aux mandats électoraux et fonctions électives（選挙によって選出される議員職と公職への男女の平等なアクセスを促進するための法律）は、一九九九年憲法改正で第三条に追加された男女平等促進規定を実現するための法律として制定され、一般に、総称として「いわゆるパリテ法」（lois dites de parité）と表記される。パリテ法に関して、辻村『憲法とジェンダー』有斐閣（二〇〇九年）一七五–一七九頁、初出辻村「ポジティヴ・アクションの手法と課題」辻村編『世界のポジティヴ・アクションと男女共同参画』東北大学出版会（二〇〇四年）一六–一八頁、糠塚康江「パリテ法が提起する普遍主義憲法学の課題」辻村前掲編『世界のポジティヴ・アクションと男女共同参画』（二〇〇四年）一一七–一四二頁、糠塚『パリテの論理』信山社（二〇〇

五年）、G.Calves, *La Discrimination Positive*, 2004; Catherine Génisson, *La Parité entre les femmes et les hommes: une avancée decisive pour la démocratie*, 2003 参照。

12　GGI二〇二二の日本の現状は、前掲注（2）のほか、内閣府男女共同参画局編『共同参画』二〇二二年八月号参照。

13　二〇二二年三月五日シンポジウム第二部の課題であり、総合テーマとの関係から当日の報告も「フランスのフェミニズムとパリテの理念――ジェンダー法の視点から考える」というタイトルを掲げた。日仏女性研究学会編『女性空間』四〇号二八―三五頁参照。

14　O.Duhamel et Y.Mény(dir.),*Dictionnaire constitutionnel*, PUF. 1992,pp.208-212. 辻村みよ子『憲法（第七版）』日本評論社（二〇二一年）四頁参照。

15　辻村前掲注（14）『憲法（第七版）』四二―四五頁参照。

16　辻村みよ子『市民主権の可能性』有信堂（二〇〇三年）、辻村『選挙権と国民主権』日本評論社（二〇一五年）、辻村著作集第三巻『国民主権と選挙権――市民主権への展望』信山社（二〇二一年）参照。

17　詳細は、辻村前掲注（14）『憲法（第七版）』五一〇―五一三頁参照。

18　Pierre Rosanvallon, *La Contre-démocratie : La Politique à l'âge de la défiance*, 2006. ピエール・ロザンヴァロン、嶋崎訳『カウンター・デモクラシー――不信の時代の政治』岩波書店（二〇一七年）、P.Rosanvallon, *Counter-Democracy, Politics in an Age of Distrust*, 2008, 辻村「カウンター・デモクラシーと選挙の効果的協同へ」『世界』八三五号（二〇一二年一〇月号）[辻村著作集 第3巻『国民主権と選挙権』（二〇二一年）二四六頁以下所収] 参照。

19　選挙のたびに提訴されている「一票の格差」訴訟では、一人一票原則の限界を一対二（投票価値の最大較差）と捉えて、学説や判例で一対二を超える不均衡を憲法違反と解する傾向にあった。しかし、二〇二三年一月二五日の最高裁大法廷判決は一対二・八の格差について合憲判決を下し、これに対する反対意見（違憲論）もわずか一名（宇賀裁判官）のみになってしまった。最高裁は過度に立法裁量を重視しているため、立法府の厳格な対応が期待される。従来の訴訟と法改正の展開については、辻村前掲注（14）『憲法（第七版）』

三二一-三三三頁参照。

20 Blandine Kriegel,“La crise de la citoyenneté”, Ph. Herzog et al., *Quelle démocratie, quelle citoyenneté ?*, 1995, p.57.

パリテ通信　第6回

パリテ「第二幕」のための憲法改正？

フランスの政治のパリテにはいくつかの課題が指摘されているが、そうした問題提起の先頭に立っているのは、本通信にもたびたび登場する「女男平等高等評議会」(Haut Conseil d'Egalité entre les femmes et les hommes、以下「HCE」)である（HCEについては、第1回、本書一一二頁参照）。パリテが着実に進展する傾向がある一方で、停滞は不可視化されるという問題がある。今回はパリテ「第二幕」の必要性の話題である。

「第二幕」の必要性

そこでHCEは二〇二二年末の報告書において、パリテの「第二幕」の必要性を力説している。「第一幕」では、パリテを「促進 (favoriser)」した。「第二幕」とは、パリテを「保障する (garantir)」ことであるという。[1]

HCEは、数の上では閣僚のパリテを達成し、かつ史上二人目となる女性首相が主宰する現政権についても、問題を指摘してきた。本通信（第3回）でもお伝えしたように、例えば財務相、外相、法相、内相といった最重要ポストに女性閣僚は少なく、「責任」の重さにおいて不均衡があること、選挙に関しても、政党の間に、勝てる見込みのない選挙区に女性候補者を擁立する傾向があることもすでに伝えた（本書一二〇頁）。HCEの批判は重要な決定がとられる場である各省の官房にも及ぶ。大統領の官房では一四人の顧問のうち、女性顧問は二人にとどまる。予算配分という観点からも、権力配分の不均衡は問題にされている。

こうした停滞や抵抗を打破するための第二幕の〝幕開け〟に位置付けられたのは、憲法改正である。候補者の男女同数擁立のような現行のパリテ的措置自体が、憲法改正を必要とした。なぜパリテの更なる憲法改正が必要だと考えられているのだろうか？　そしてどのような憲法改正が必要だというのだろうか？

パリテと憲法改正の関係

これまでの経緯を簡単に振り返っておこう。[2]現在憲法典の規定は以下の通りである。

フランス憲法典一条二項（二〇〇八年～現在）

「法律は、選挙によって選出される議員職と公職、ならびに職業的及び社会的要職に対する男女の平等なアクセスを促進する。[3]」

現在の規定は二〇〇八年改正によるものであり、さらに一九九九年より前にはこのような規定は存在しなかった。このようにパリテを根拠づけるための憲法改正が必要とされたのは、それなしには、パリテ措置が憲法違反となるからであった。

例えば、性別クオータ制は、性別によって人を区別することを前提とする。確かに、現実に存在する個人には性別はもちろん、人種や出身地域や階層などいろいろな違いがある。しかし、そういった違いで差別せず、皆を同じに扱うのが、（非常に大ざっぱに言って）フランス的平等の考え方であるため、性別で人を区別して扱いを変えることは憲法違反になるのである。そして選挙権や被選挙権に関係する分野は、特にこの原則が厳しくあてはまる。性別によって候補者を区別することが憲法上許されないことは、憲法院の判例ではっきりしていた（本書八五頁）。そのようなわけで、まず一九九九年に憲法改正をして、選挙で選ばれる議員職と公職に関して、男女の平等な就任を促進する法律を作ることが憲法違反にならないようにしたのである（本書八七頁）。

しかし、これでもまだ万事解決とはならなかった。選挙にとどまらず、社会の他の部門での決定審級にもパリテを拡大しようとした時、再び憲法違反の判決が下った。今度は、企業の意思決定機関である理事会や取締役、労働審判所の判事の構成に性別クオータを導入しようとした法案にストップがかかったのである。そして再び、これを乗り越えるための憲法改正が行われ、現行憲法典の一条二項ができたという経緯がある（本書九六頁）。

パリテの「例外性」の克服

このように、パリテは、フランス的な平等原則に対する「例外」のように常に位置づけられてきた。[4] これが第二幕の〝幕開け〟に新たに憲法改正が提示される理由である。HCEは憲法研究者[5]への聞き取りを実施し、その研究者の提案を以下のようにまとめている。

――まず、パリテを立法者にとっての「目標」として考えるだけでなく、女男平等の実現を決定づける「法」の構成要素とする。パリテは長らくフランス的平等原則への「侵害」、良くても「例外」と考えられてきた。パリテが現実的な平等に至るための「梃（levier）」であると宣言することによって、今日の女男平等政策の水準に合わない制限的な平等の概念に終止符を打つことができる。

――次に、立法者が、権力行使の場におけるパリテを誘導する措置だけでなく、強制する措置をとることも今日では定着しており、憲法院もこれを追認している。この段階にあって、「促進する」という表現は、立法者の行為にすでにそぐわないのではないか。立法者はすでに、強制を含む様々なパリテ措置により、パリテを女男平等政策の基本方針としているからである。

――最後に、パリテ実施のための措置に必ずしも法律の形式をとった規範が必要とされるわけではなく、行政立法によっても可能であるということを明確化するためにも、憲法改正が必要とされる。

最後の点は、パリテが相変わらず「例外」と考えられていることと密接に関連する。二〇一三年、フランスの最高行政裁判所に当たるコンセイユデタは、憲法典に照らして、パリテ的な措置をとる権限があるのは、立法者だけであると明言した。そして、国が公認するスポーツ団体の意思決定機関において、女性の割合が一定の値を満たしていることを義務化した政令の廃止を命じたのである。[6] このような事態が繰り返されるのを避けようというわけである。

そしてHCEは、現行憲法典一条二項を以下のように書き直すことを提案している。

「パリテは、女性と男性の間の平等への法（＝権利）を実効的に実現するための不可欠な梃（levier）である。この意味で、公権力は、女性と男性が選挙職と公職、職業的及び社会的な責任ある地位へと平等に就任することを確保する。」

現行の文言のうち、「法律」の語は「公権力(pouvoirs publics)」に、「促進する」の語は「確保する(assurait)」におきかえられている。そして、パリテを実効的な女男平等という目的に使える「道具」と考える点が明確にされている。選挙で選ばれる議員職・公職に関してのみ適用される「例外」であるという限界を克服するためである。この方向での改正によって、法律による強制的措置の採用も、行政機関によるパリテ的な措置の採択もやりやすくなることは間違いない。

実現すべき「目標」としての平等、その「ツール」がパリテである

一つ気になるのは、パリテを法として確立するということは何を意味するのか、ということである。フランス語の droit（法）という言葉は、権利をも意味する語である。HCEの報告書では、パリテを「droit」として確立すべしという声が政党の党首などからあったことが紹介されている[7]。他方、フランスの憲法裁判所は、個人が自分の権利が侵害されたと主張して提起する憲法訴訟においては憲法一条二項を根拠にすることはできないとはっきり述べている[8]。こうして、パリテが憲法上の主観的な権利であることは否定された。HCEの報告書では、この限界を突破することは想定されていないようであり、上の改正案でも、「女性と男性の平等」が「法＝権利」であって、パリテはそのための「梃」にとどまっていると読める。とすると、改正案の趣旨は、パリテ第二幕に向けて、その例外性を払拭し、他の憲法上の権利に対抗する力をさらに授けるということなのであろう。

ここまで「フランス的平等原則」という趣旨の表現を何度か用いたが、平等原則の理解には日本でもそれほど違いはない。やはり形式的な平等が原則であり、性別を考慮した措置は、場合によっては憲法違反となる。問題は常に、ある局面において性別を考慮することを正当化する理由であり、対立は大体ここに収れんする。性別による区別を行うことによってより大きな文脈における男女平等を実現するということが、そのような理由として認知されうるか、が問われる。日本でも、憲法上、男女平等を実現すべき目標と位置づけて積極的な平等政策に対するコンセンサスを形成する必要性にやはり思い至るのである。

注

1 HCE, Parité politique : la nécessité d'un acte II, p.3(https://haut-conseil-egalite.gouv.fr/IMG/pdf/rapport_parite_compresse.pdf)

2 この経緯については、糠塚康江「パリテ・再論」樋口陽一＝森英樹＝高見勝利＝辻村みよ子＝長谷部恭男『国家と自由・再論』（日本評論社、二〇一二年）が詳しい。

3 訳は、初宿正典＝辻村みよ子編『新解説世界憲法集第2版』（三省堂、二〇一〇年）二三八頁［辻村執筆］。

4 ただ、パリテを構想したフェミニストたちは、パリテを「例外」ではなく、「原則」の再定義と考えたはずである。

前掲注（2）糠塚二三一頁以下。

5　パリ・ナンテール大学のElsa Fondimareによる。

6　CE le 10 octobre 2013, n° 359219

7　前掲注（1）三頁

8　CC Décision n° 2015-465 QPC du 24 avril 2015

（二〇二三年一月二八日脱稿）

＊単行本収録にあたり、「ジェンダー法政策研究所」ウェブサイトに掲載されたパリテ通信第1回から第6回に修正を加えている。また本書では、上記のウェブサイトに掲載した第3回と第4回を入れ替える形で収録した。

あとがき

本書は、日仏会館主催日仏教養講座「フランス人権宣言から現代を診る」（辻村みよ子講演、二〇二二年一・二月）の内容をもとにしていますが、その後の展開を補充して、フランスのジェンダー平等政策の最新情報を伝えるために刊行したものです。

そのために、ジェンダー法政策研究所のウェブサイト（https://www.gelepoc.org）に連載されているフランス支部の「パリテ通信」（1〜6）（齊藤笑美子著）をコラムとして所収し、生の情報を取り入れることをめざしています。とくに、その第6回（「パリテ『第二幕』のための憲法改正？」）では、パリテ法制定（二〇〇〇年）後、二〇一三年から、そのパリテ政策を推進し監視してきた「女男平等高等評議会（HCE）」の二〇二二年一一月刊行の報告書を取り上げています。

オランプ・ドゥ・グージュの胸像を表紙に掲載したこのHCE報告書『政治のパリテ――第二幕の必要性（Parité politique: la nécessité d'un acte II）』は、二〇年にわたるフランスのパリテ（男女同数）政策は決して完成されたわけではなく、新たな「ガラスの天井」にぶつかっているとして、「量のパリテ」と同時に「質のパリテ」や「権力の平等な分配」をめざして、さらに憲法改正や選挙制度改革等をしなければならないことを強調しています。

パリテ政策は、（単にポジティヴ・アクションのような暫定的な特別措置ではなく、）目標であるだけでなく公的決定等の価値を保障する法＝原理（国家や社会の基本原理）でなければならず、「我々の民主主義にとって真に本質的なパリテ」になるために、憲法上の基本原理にならなければいけない、といっているのです。

翻って日本では、「政治分野の男女共同参画推進法」を二〇一八年に制定したものの、候補者クオータ制や数値目標制すら導入することができず、世界経済フォーラムのジェンダーギャップ指数（GGI）では、世界一四六カ国中一一六位、政治分野では一三九位で、世界ワーストテンの地位に甘んじています。このようなジェンダー平等後進国の日本で、今後どうすれば先進諸国に追いつき、追い越すことができるのでしょうか。この問題を考えるために、さらなる検討と議論、様々な主体（団体・個人）の連携した取り組みが必要です。

同時に、フランスのパリテ政策の基礎には、一七八九年の人権宣言と、これを批判して女性の権利宣言を著したオランプ・ドゥ・グージュ以来の長い歴史があること、また、これらのジェンダー平等政策を政治課題として正面から大統領選挙の公約などにとりいれて民主的に決定してきたこと、その背景には近代の国民主権下の純粋代表制（間接民主制）から現代の「人民主権」ないし「市民主権」と結びついた「半代表制」「半直接制」やカウンター・デモクラシー論などへの展開と民主主義の確立があるということを、この本では重視してきました。

「ジェンダー平等は一日にしてならず」ということかも知れませんが、日本にも自由民権運動や戦後の様々な「権利のための闘争」があったはずです。人権と民主主義を重視する政治と社会でなければジェンダー平等も実現しないということを十分認識して、これからも、立法・行政・司法・研究教育・マスコミなどすべての分野で、多くの担い手が連携して闘い続けなければなりません。

いまこそ、フランスの経験に学び、それを日本流に採り入れて、パリテ政策やジェンダー平等を、我々の手で実現しようではありませんか。

この本とジェンダー法政策研究所の取り組みが、そのためにお役に立てることがあれば幸いです。

辻村みよ子（ジェンダー法政策研究所共同代表）

齊藤笑美子（同研究所フランス支部長）

二〇二三年三月

〔読者のための参考文献案内〕

ジェンダー法政策研究所ウェブサイト（https://www.gelepoc.org）「パリテ法部門」掲載（＊印）
＊糠塚康江＝大山礼子「政治におけるパリテ――フランスの挑戦」（PPT資料）
＊大山礼子「フランスの県議会選挙制度改革――男女ペア立候補によるパリテ（男女同数）の実現と選挙区改革」駒沢大学法学部研究紀要七四号（二〇一六年）
＊糠塚康江「パリテ法――制定の背景とプロセス」北海道大学「北大法学論集」五七巻六号（二〇〇七年）
＊齊藤笑美子「パリテ通信1〜6」「性刑法と憲法――フランス二〇一六年買売春廃止法からの性的自由再考」日仏法学三一（二〇二一年）
ジェンダー法政策研究所＝辻村みよ子＝糠塚康江＝大山礼子編『選択的夫婦別姓は、なぜ実現しないのか？』花伝社（二〇二一年）
齊藤笑美子「性的マイノリティの人権」愛敬浩二編著『講座立憲主義と憲法学第二巻・人権Ⅰ』信山社（二〇二二年）第六章
辻村みよ子『憲法とジェンダー法学』辻村著作集第四巻、信山社（二〇二二年）
辻村みよ子『人権の歴史と理論』辻村著作集第二巻、信山社（二〇二一年）
辻村みよ子＝三浦まり＝糠塚康江『女性の参画が政治を変える――候補者均等法の活かし方』信山社（二〇二〇年）
齊藤笑美子＝大島理沙「フランスにおける性的少数者の権利に関する判例の動向」辻村責任編集『憲法研究第四号』信山社（二〇一九年）
辻村みよ子『ポジティヴ・アクション――「法による平等」の技法』岩波新書（二〇一一年）
辻村みよ子監訳『オランプ・ドゥ・グージュ――フランス革命と女性の権利宣言』信山社（二〇一〇年）
辻村みよ子『ジェンダーと人権』日本評論社（二〇〇八年）
糠塚康江『パリテの論理――男女共同参画の技法』信山社（二〇〇五年）

〔資料〕　オランプ・ドゥ・グージュ「女性および女性市民の権利宣言」（一七九一年九月）

〔前文〕　母親・娘・姉妹たち、国民の女性代表者たちは、国民議会の構成員となることを要求する。そして、女性の諸権利に対する無知、忘却または軽視が、公の不幸と政府の腐敗の唯一の原因であることを考慮して、女性の譲りわたすことのできない神聖な自然的権利を、厳粛な宣言において提示することを決意した。この宣言が、社会体のすべての構成員に絶えず示され、かれらの権利と義務を不断に想起させるように。女性の権力と男性の権力の行為が、すべての政治制度の目的とつねに比較されうることで一層尊重されるように。簡潔で争いの余地のない原理に基づく女性市民の要求が、つねに憲法と良俗の維持と万人の幸福に向かうように。こうして、母性の苦痛のなかにある、美しさと勇気とに優れた女性が、最高存在の前に、かつ、その庇護のもとに、以下のような女性および女性市民の諸権利を承認し、宣言する。

第一条　女性は、自由なものとして生まれ、かつ、権利において男性と平等なものとして存在する。社会的差別は、共同の利益にもとづくのでなければ、設けられない。

第二条　あらゆる政治的結合の目的は、女性および男性の、時効によって消滅することのない自然的な諸権利の保全にある。これらの諸権利とは、自由、所有、安全および圧制への抵抗である。

第三条　あらゆる主権の淵源は、本来的に国民にあり、国民とは、女性と男性との結合にほかならない。いかなる団体も、いかなる個人も、国民から明示的に発しない権威を行使することはできない。

第四条　自由と正義とは、他人に属するすべてのものを返還することにある。したがって、女性の自然的諸権利の行使は、男性が女性に対して加える暴虐以外の限界をもたない。これらの限界は、自然と理性の法によって修正されなければならない。

第五条　自然と理性の法は、社会に有害なすべての行為を禁止する。この賢明かつ崇高な法によって禁止されていないすべての行為は、妨げられず、また、何人も、それらが命じてないことを行なうように強制されない。

第六条　法律は、一般意思の表明でなければならない。すべての女性市民と男性市民は、みずから、またはその代表者によって、その形成に参与する権利をもつ。法律は、すべての者に対して同一でなければならない。すべての女性市民および男性市民は、法律の前に平等であるから、その能力にしたがって、かつ、その徳行と才能以外の差別なしに、等しく、すべての位階、地位および公職に就くことができる。

第七条　いかなる女性も〔以下のことについて〕例外はない。女性は、法律によって定められた場合に、訴追され、逮捕され、または拘禁される。女性は、男性と同様に、この厳格な法律に服従する。

第八条　法律は、厳格かつ明白に必要な刑罰でなければ定められない。何人も、犯行に先立って設定され、公布され、かつ、女性に対して適法に適用された法律によらなければ、処罰されない。

第九条　いかなる女性も、有罪を宣告された場合は、法律によって厳正に執行される。

第一〇条　何人も、自分の意見について、たとえそれが根源的なものであっても、不安をもたされることがあってはならない。女性は、処刑台にのぼる権利をもつ。同時に、女性は、その意見の表明が法律によって定められた公の秩序を乱さない限りにおいて、演壇にのぼる権利をもたなければならない。

第一一条　思想および意見の自由な伝達は、女性の最も貴重な権利の一つである。それは、この自由が、子どもと父親の嫡出関係を確保するからである。したがって、すべての女性市民は、法律によって定められた場合に、その自由の濫用について責任を負うほかは、野蛮な偏見が真実を偽らせることのないように、自由に自分が貴方の子の母親である　と言うことができる。

第一二条　女性および女性市民の権利の保障は、重大な利益をもたらすことを必要とする。この保障は、すべての者の利益のために設けられるのであり、それが委託される女性の特定の利益のために設けられるのではない。

第一三条　公的強制力の維持および行政の支出のための、女性と男性の租税の負担は平等である。女性は、すべての賦役と役務に貢献する。したがって、女性は、〔男性と〕同等に、地位・雇用・負担・位階・産業に参加しなければならない。

第一四条　女性市民および男性市民は、みずから、またはその代表者によって、公の租税の必要性を確認する権利をもつ。女性市民は、財産のみならず、公の行政において〔男性と〕平等な分配が承認されることによってのみ、その租税に同意し、かつ、その数額、基礎、取立て、および期間を決定することができる。

第一五条　租税の負担について男性大衆と同盟した女性大衆は、すべての官吏に対して、その行政について報告を求める権利をもつ。

第一六条　権利の保障が確保されず、権力の分立が定められてないすべての社会は、憲法をもたない。国民を構成する多数の個人が、憲法の制定に協力しなかった場合は、その憲法は無効である。

第一七条　財産は、結婚していると否とにかかわらず、両性に属する。財産（権）は、そのいずれにとっても、不可侵かつ神聖な権利である。何人も、適法に確認された公の必要が明白にそれを要求する場合で、正当かつ事前の補償の条件のもとでなければ、真の自然の資産としてのその権利を奪われない。

〔辻村みよ子訳〕

【出典】Olympe de Gouges, « La Déclaration des droits de la femme et de la citoyenne », *Les droits des femmes, A La Raine*, *1791*, pp.6 et s.
辻村みよ子『人権の普遍性と歴史性』創文社（一九九二年）三八四－三九一頁、辻村『辻村みよ子著作集（第2巻）人権の歴史と理論』信山社（二〇二一年）五〇五－五〇七頁所収。

辻村みよ子（つじむら・みよこ）
東北大学名誉教授・弁護士（東京弁護士会）。法学博士（一橋大学）。ジェンダー法政策研究所共同代表。一橋大学助手・成城大学助教授・教授、東北大学教授（1999-2013）・同大学ディスティングイッシュト・プロフェッサー、明治大学法科大学院教授（2013-2020）を経て、現職。パリ第2大学比較法研究所招聘教授、日本学術会議会員、国際憲法学会理事、同日本支部副代表、日本公法学会理事、全国憲法研究会代表、ジェンダー法学会理事長、日仏会館評議員、内閣府男女共同参画会議員などを歴任。近著に、『辻村みよ子著作集（第6巻）比較憲法の課題』、『辻村みよ子著作集（第5巻）家族と憲法』、『辻村みよ子著作集（第4巻）憲法とジェンダー法学』（信山社、2022-23年）、『憲法（第7版）』（日本評論社、2021年）など。

齊藤笑美子（さいとう・えみこ）
パリ第10大学DEAおよび一橋大学大学院法学研究科博士課程修了。博士（法学）。一橋大学大学院法学研究科特任講師、茨城大学人文学部准教授を経て、2013年からフランス移住。現在、ジェンダー法政策研究所（GELEPOC）フランス支部長。主著に、「性刑法と憲法――2016年買売春廃止法からの性的自由再考」（『日仏法学』(31)、2021）、「婚姻・家族とフランス憲法」『社会変動と人権の現代的保障』（信山社、2017）、編著に『性的マイノリティ判例解説』（信山社、2011）など。

ジェンダー平等を実現する法と政治――フランスのパリテ法から学ぶ日本の課題

2023年4月25日　初版第1刷発行

著者 ――― 辻村みよ子／齊藤笑美子
発行者 ―― 平田　勝
発行 ――― 花伝社
発売 ――― 共栄書房
〒101-0065　東京都千代田区西神田2-5-11出版輸送ビル2F
電話　03-3263-3813
FAX　03-3239-8272
E-mail　info@kadensha.net
URL　https://www.kadensha.net
振替 ―― 00140-6-59661
カバーデザイン― 北野亜弓（calamar）
印刷・製本― 中央精版印刷株式会社

ISBN978-4-7634-2058-9 C0036

選択的夫婦別姓は、なぜ実現しないのか？
——日本のジェンダー平等と政治

定価：1870円

編著：ジェンダー法政策研究所、辻村みよ子、糠塚康江、大山礼子
著：青野慶久、浅倉むつ子、石田絹子／西村かつみ、井田奈穂、
中北浩爾、二宮周平

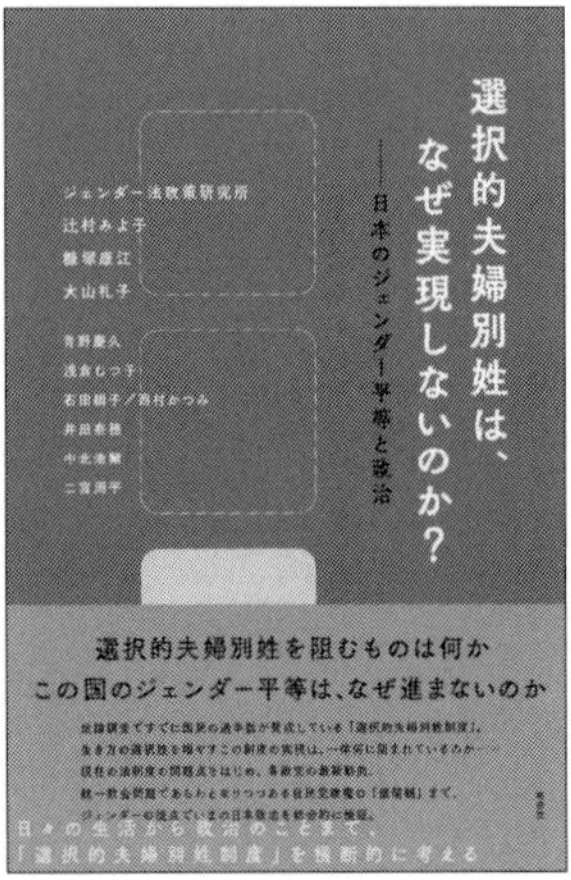

選択的夫婦別姓を阻むものは何か
この国のジェンダー平等は、なぜ進まないのか

世論調査ですでに国民の過半数が賛成している「選択的夫婦別姓制度」。生き方の選択肢を増やすこの制度の実現は、一体何に阻まれているのか——
現在の法制度の問題点をはじめ、各政党の最新動向、統一教会問題であらわとなりつつある自民党政権の「価値観」まで、ジェンダーの視点でいまの日本政治を総合的に検証。

日々の生活から政治のことまで、「選択的夫婦別姓制度」を横断的に考える